U0903478

高等职业教育“十二五”规划教材　汽车类

汽车营销策划实务

主　编　裘文才
副主编　岑迪群　冯　潇
参　编　刘胜春

机械工业出版社

本书系统阐述了汽车市场营销策划的基础理论和实务方法，对汽车市场营销策划的原则、方法、能力要求和实操步骤都作了清晰易懂的介绍。本书内容包括汽车市场营销策划概述、汽车市场营销策划方法、汽车产品策划、汽车价格策划、汽车分销策划、汽车促销策划和汽车营销策划实务。

本书可作为高职高专院校汽车类专业学生的教材，也可以作为从事汽车行业市场研发、市场营销岗位等专业人员的培训用书和工作参考书。

本书配有电子课件，凡使用本书作为教材的教师可登录机械工业出版社教材服务网 www.cmpedu.com 下载。咨询邮箱：cmpgaozhi@sina.com。咨询电话：010-88379375。

图书在版编目（CIP）数据

汽车营销策划实务/裘文才主编. —北京：机械工业出版社，2013.9（2017.3 重印）
高等职业教育"十二五"规划教材. 汽车类
ISBN 978-7-111-44071-0

Ⅰ.①汽… Ⅱ.①裘… Ⅲ.①汽车-营销策划-高等职业教育-教材 Ⅳ.①F766

中国版本图书馆 CIP 数据核字（2013）第 219355 号

机械工业出版社（北京市百万庄大街 22 号 邮政编码 100037）
策划编辑：葛晓慧 责任编辑：葛晓慧
版式设计：常天培 责任校对：程俊巧
封面设计：赵颖喆 责任印制：常天培
北京京丰印刷厂印刷
2017 年 3 月第 1 版·第 2 次印刷
184mm×260mm·9.5 印张·229 千字
3 001—4 900 册
标准书号：ISBN 978-7-111-44071-0
定价：23.00 元

凡购本书，如有缺页、倒页、脱页，由本社发行部调换

电话服务
服务咨询热线：010-88379833
读者购书热线：010-88379649

网络服务
机 工 官 网：www.cmpbook.com
机 工 官 博：weibo.com/cmp1952
教育服务网：www.cmpedu.com
金 书 网：www.golden-book.com

前　言

中国已经成为全球最大的汽车生产和消费大国。2012年，中国的汽车保有量已经突破1亿2千万辆。随着中国经济的稳步发展，人民生活水平的不断提高，以及用车环境的进一步改善，中国汽车的产销量还将继续增长。中国的汽车市场发展前景灿烂、毋庸置疑。

然而，中国汽车市场的竞争异常激烈，在产品结构、价格设计、渠道扩张、服务促销等各种领域，竞争无处不在。汽车厂商普遍遭遇竞争加剧、顾客难找、市场变化、成本增加和利润减少的多重压力。

汽车市场出现了一系列值得研究的新趋势。在战略上，出现了低成本与差异化并举的新趋势；在品牌上出现了品牌集中化替代品牌多元化的新趋势；在产品上出现了时尚化、个性化高于高性价比的新趋势；在价格上出现了价格价值化的新趋势；在业态上出现了星级化与多元化并存、实体化与虚拟化交错的新趋势；在渠道上出现了策略联盟、和谐关系的新趋势；在消费上出现了由理性、感性走向感动营销的新趋势；在推广上出现了促销游戏化，策划成为决胜武器的新趋势；在服务上出现了全方位、延伸性服务的新趋势；在销售上出现了资讯服务先于销售行为的新趋势。整个汽车市场已经成为一个巨大的策划场，谁不懂得策划的力量，谁就随时可能被对手所策划。策划已经成为汽车厂商决胜市场的重要手段。

为了适应未来汽车市场的紧迫需求，必须研究汽车市场营销策划，培养更多的汽车市场营销策划人才。

本书在编写中贯彻“必需、够用”的原则，在内容安排上力求生动活泼、清晰易懂，以使学习者在“乐学、入学、引人入胜”的场景中愉快学习，有效学习。本书可以满足汽车市场营销策划初学者的学习需求。

为了提高学习者的实际操作能力，本书还安排了若干案例分析和实训项目。

本书由上海建桥学院裘文才主编，由宁波市锦堂高级职业中学岑迪群、冯潇任副主编，参加本书编写工作的还有株洲职业技术学院刘胜春。上海全英汽车销售公司总经理孙心敏、上海云峰（集团）汽车市场营销总监赵健对本书的编写提出了许多重要建议，在此深表谢意。

限于编者水平，书中难免存在错误和不足之处，恳望读者指正。

编　者

目 录

第一章

汽车市场营销策划概述

【学习目标】

1）理解市场、市场分类和市场细分的概念

2）理解目标市场的概念，掌握目标市场选择的一般方法

3）了解市场营销的含义及目前汽车市场普遍采用的营销策略

4）了解市场营销策划的基本概念、核心思想和策划原则

5）理解汽车市场营销策划人员的必备能力

案例导读

奔驰汽车营销的成功之道

德国奔驰（Benz）汽车公司在世界汽车行业独树一帜，其产品以优质、优价闻名于世，使其在激烈的市场竞争中，成为世界汽车工业的佼佼者。

一、奔驰汽车的产品定位：元首驾座

奔驰汽车的定位是“高贵、王者、显赫、至尊”，奔驰汽车的TV广告中较出名的系列是“世界元首使用最多的车”。为了达到这一定位目的，奔驰汽车公司一方面在产品的品质上追求精益求精，另一方面在价格定位上，也选取了高价位。价值定价成为奔驰汽车公司最重要的制胜武器。无怪乎消费者为了得到身份与地位的心理满足感不惜重金。

二、奔驰汽车公司的质量观

奔驰汽车的质量是首屈一指的。在产品的构想、设计、研制、试制、生产、维修等环节都突出了质量标准。其措施主要有以下几个方面：

1）不断提高职工的技术水平，造就一支技术熟练的职工队伍。奔驰汽车公司在德国国内有502个培训中心，受基本训练的职工平均每年维持在6 000人左右；另外，每年约有2万~3万名在职职工参加培训，以保证职工的业务水平不断提高。

2）建立严格的质量检测制度。奔驰汽车公司一向将高品质看成是取得用户信任和加强竞争能力的最重要的一环，讲究精工细作，强调“质量先于数量”，要“为做得更好、最好而斗争”。公司每年要用100辆崭新的汽车作各种破坏性试验测试。例如，以时速35mile㊀去冲撞坚固的混凝土厚墙等。

3）宁缺毋滥，确保优质。为确保奔驰汽车的质量，公司始终严格限制产品数量。多年来，奔驰车的产量一直控制在70万辆左右，能在世界汽车业市场萧条的时候，仍保持较大

㊀ 1mile = 1609.344m。

的销售量。

三、奔驰汽车公司的创新观

奔驰汽车公司自开创以来，一直坚持大胆而科学的创新，以创新求发展是该公司的一贯方针，他们不断变换车型，不断地将新的工艺技术应用到生产上。奔驰汽车公司在创新中始终贯彻“顾客要求第一”的经营理念。顾客的要求通过计算机向生产流水线发出指令，生产流水线即可生产出符合顾客要求的产品。

四、奔驰汽车公司的社会营销观

奔驰汽车公司的产品不仅优质，而且在造车时始终抱着对社会负责的态度来造满足社会需求的汽车，充分体现了奔驰汽车公司的社会责任感。

1）造全世界最“安全”的车。

2）造环保至上的车。

五、奔驰汽车的顾客满意理念

1. 顾客满意从生产车间开始

奔驰汽车公司的顾客满意从生产车间就已经开始。厂里在未成型的汽车上挂有一块块的牌子，写着顾客的姓名、车辆型号、式样、色彩、规格和特殊要求等。不同色彩，不同规格，乃至在汽车里安装什么样的收录机等千差万别的要求，奔驰汽车公司都能一一给予满足。

2. 服务人员和生产人员一样多

奔驰汽车公司的售后服务无处不在，使奔驰车主没有任何后顾之忧。在德国，奔驰汽车公司设有1 700 多个维修站，雇有5.6 万人做维护和修理工作，在公路上平均不到25km 就可以找到一家奔驰汽车维修站。

3. 顾客满意从儿童开始培养

奔驰汽车公司十分重视争取潜在的客户。它瞄准未来，心理争夺战竟从儿童开始做起。每个来取货的顾客驱车离去时，奔驰汽车公司都赠送一辆可做孩子玩具的小小奔驰汽车，使车主的下一代也能对奔驰汽车产生浓厚的兴趣，争取一代代都成为奔驰汽车的客户。这样，客户对奔驰品牌的忠诚就世代地继承下来，从小喜爱奔驰汽车的儿童渐渐地被培养为终生喜爱奔驰汽车的客户。

分析案例

1. 奔驰汽车公司是如何理解“市场”、“营销”、“策划”这些概念的?

2. 从市场营销策划的角度分析奔驰的市场营销理念，具体采用了哪些市场营销策略?

第一节　市场的相关概念

一、市场的概念

1. 营销学关于市场的描述

经济学认为，市场是商品交换关系的总和，市场是体现供给与需求之间矛盾的统一体。营销学则站在企业主体的立场上认识市场。营销学认为，企业在生产经营中需要采购各种各样的生产资料，包括劳动力，因而自己是买方；在销售活动中，企业又要销售自己所生产和经营的有形商品和无形服务，它的销售对象也是买方。因此，买方才是真正的市场。

2. 市场概念的简要表述

不管是经济学还是营销学，研究市场首先要研究人，研究卖方想寻找的人，这是企业赖以生存和发展的基础，正是这些人构成了买方，使商品交换的实现成为可能。为此，这些人或由这些人组成的组织就是市场。

作为市场的人，不仅具有购买某种商品的需要，产生了购买某种商品的欲望，而且具备购买能力，包括支付能力、决策能力和购买权力。离开了这些条件，他们不可能成为卖方所追寻的市场。

简要地讲，市场就是有购买某种商品需要和购买欲望，具有相应支付能力和决策能力，并愿意与商家发生交易关系的人或组织。所谓开发市场，从本质上讲就是找到具备上述条件的人或组织。

小资料

中国汽车用户个人及家庭收入情况

中国汽车用户个人及家庭收入情况如图 1-1 所示。

■轿车用户个人月均税后收入为9 682.8元，家庭月均税后收入为14 600.3元，且呈现随着轿车级别的提高，用户的个人及家庭收入逐步提高的趋势

■与轿车用户总体相比，SUV和MPV用户的收入更高，尤其是SUV用户

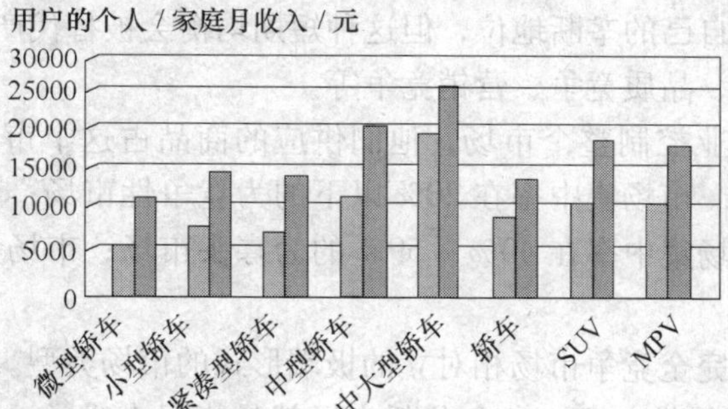

图 1-1 中国汽车用户个人及家庭收入情况

资料来源：新华信 2011 年市场调查资料

二、汽车市场的分类

1. 按覆盖范围分类

市场按其覆盖范围划分，可以分为地方市场、国内市场和国际市场。

地方市场是指仅由某一个地方的买者和卖者的交易活动所决定的市场。由于品牌授权办法的限制，目前汽车 4S 店面临的市场就是区域市场。

国内市场是指由一国的买者和卖者共同决定的市场。我国汽车厂家目前的市场首先就是面对全国的，尽管他们的产品在各个不同的地区表现并不平衡。

国际市场是指由多个国家的买者和卖者构成的市场。在全球化背景下，国外的汽车产品进入本国，国内的汽车产品走出国门，就是国际市场的鲜明写照。

2. 按内部结构分类

市场按照内部结构划分，可以分为完全市场和不完全市场两类。

完全市场假设买卖双方完全了解市场现在和未来的情况，信息非常畅通，因而买卖双方听从价格召唤，完全依据价格行事。严格地说，实际中的市场不可能具备完全市场的条件。

不完全市场与完全市场相对应。不完全市场意味着竞争性均衡的基本性质不能得到满足。不完全市场是指不具备下述条件之一的市场：同质产品；众多的买者与卖者；买者和卖者可以自由进入市场；所有买者和卖者都掌握当前物价的完全信息，并能预测未来物价；就总成交额而言，市场各个经济主体的购销额是无关紧要的；买者与卖者无串通合谋行为；消费者追求效用最大化，生产者追求利润最大化；商品可转让。现实的市场基本上是不完全市场。

3. 按竞争程度分类

市场按竞争程度划分，可以分为完全竞争市场和不完全竞争市场两类。

完全竞争市场有许多买者和卖者，他们当中任何个别人都不具有影响和决定商品市场价格的力量，而只能是市场价格的接受者；他们都有充分的市场信息和商品知识；相同数量的同种商品之间是完全同质的，不存在差别；每个买者和卖者都是自由地参与或退出市场经济活动。

不完全竞争市场是不具备完全竞争性的市场。不完全竞争市场按竞争的不完全程度分为垄断竞争市场、寡头垄断市场和完全垄断市场三种。

垄断竞争市场是一种既垄断又竞争，既不是完全垄断和又不是完全竞争的市场。垄断竞争市场的特点是产品存在差别性又存在替代性。在短期中，每一个生产有差别性产品的厂商都可以在部分消费者中形成自己的垄断地位，但这种短期均衡会被替代产品所打破。垄断竞争市场的竞争包括价格竞争、品质竞争、营销竞争等。

寡头垄断市场是少数企业控制整个市场，他们供应的商品占这个市场最大最主要的份额，一般以市场集中率区分。市场集中率在20%以下的为竞争性市场；市场集中率在20%～39%的为弱寡头市场；市场集中率在40%～59%的为寡头市场；市场集中率在60%以上的为强寡头市场。

完全垄断市场是一种与完全竞争市场相对立的极端形式的市场类型。完全垄断市场也叫做纯粹垄断市场，一般简称垄断市场。完全垄断市场就是指只有唯一一个供给者的市场类型。完全垄断市场的假设条件有三个：第一，整个市场的物品、劳务或资源都由一个供给者提供，消费者众多；第二，没有任何接近的替代品，消费者不可能购买到性能等方面相近的替代品；第三，进入限制使新的企业无法进入市场，从而完全排除了竞争。

三、市场细分与细分策略

1. 市场细分及细分形式

市场细分是企业根据消费者需求的不同，把整个市场划分成不同的消费者群的过程。市场细分的目标不是为了分解，而是为了聚合，即在需求不同的市场中把需求相同的消费者聚合到一起。针对消费者市场而言，归纳起来主要有四大细分变量：地理环境因素，人口统计因素，消费心理因素，消费行为因素。市场细分的形式与市场细分变量相对应。市场细分包括地理细分、人口细分、心理细分、行为细分、受益细分五种基本形式。

2. 完全市场细分和无市场细分

完全市场细分就是市场中的每一位消费者都单独构成一个独立的子市场，企业根据每个消费者的不同需求为其生产不同的产品。这种做法一般针对小量的高端消费者，从成本角度理解，对企业而言并不经济，但完全细分在顶级轿车生产等某些领域大有市场。近年流行的“订制营销”就是完全市场细分的结果。

无市场细分是指市场中的每一位消费者的需求都是完全相同的，或者是企业有意忽略消费者彼此之间需求的差异性，而不对市场进行细分。

3. 市场细分的步骤

企业进行市场细分可以按照下列步骤进行，如图1-2所示。

第一步：选定产品市场范围。明确自己在行业中的产品市场范围，并以此作为制定市场开拓战略的依据。

第二步：列举潜在顾客的需求。从地理、人口、心理等方面列出影响产品市场需求和顾客购买行为的各项变数。

第三步：分析潜在顾客的不同需求。对不同的潜在顾客进行抽样调查，并对所列出的需求变数进行评价，了解顾客的共同需求。

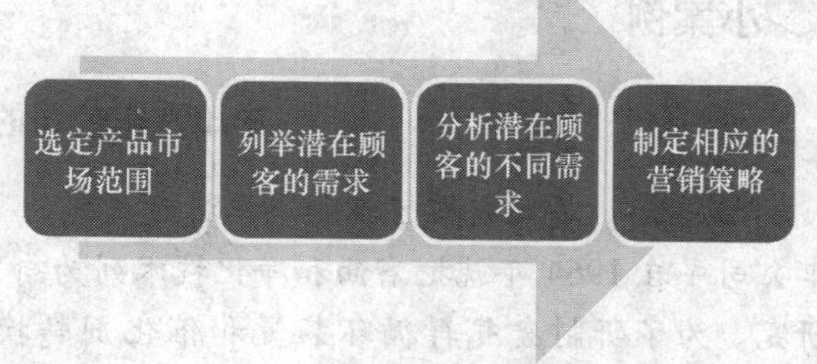

图1-2 市场细分的步骤

第四步：制定相应的营销策略。调查、分析、评估各细分市场，最终确定可进入的细分市场，并制定相应的营销策略。

4. 有效市场细分的条件

企业进行市场细分的目的是通过对顾客需求的差异性定位，来满足顾客需求，并在此基础上取得较大的经济效益。

进行市场细分要注意实用性和时效性。有效的市场细分具备可衡量性、可盈利性、可进入性和差异性等基本条件。

可衡量性是指各个细分市场的购买力和规模能被衡量的程度。

可盈利性是指企业新选定的细分市场容量足以使企业获利。

可进入性是指所选定的细分市场必须与企业自身状况相匹配，企业有优势占领这一市场。

差异性是指各细分市场对市场营销组合中的各个要素的变动会做出差异性反应，企业可以根据不同的反应，分别制订出行之有效的市场营销策划方案。

四、目标市场的确定

目标市场是企业为了满足现实或潜在的消费需求而开拓的特定市场。选择目标市场应有利于企业合理安排营销力量，发挥竞争优势。

1. 好的目标市场的条件

一个好的目标市场应当具备如下条件：

1）该市场有一定的购买力，企业能够在此取得一定的销售额和利润。

2）该市场有尚未满足的需求，而且有一定的发展潜力。

3）本企业有开拓该市场的能力，而且该市场也未被竞争者完全占领或控制。

2. 选择目标市场需考虑的因素

一个企业选择目标市场时要考虑多方面的因素，主要包括：

1）产品条件。企业应考虑自己生产经营的是同质产品还是异质产品。同质产品的竞争焦点一般集中在价格上，异质产品则适合采取差异性目标市场策略。

2）产品生命周期。投入期或成长期宜采用无差异目标市场策略；成熟期宜采用差异性目标市场策略。

3）竞争者策略。对手弱宜采用无差异目标市场策略，对手强则宜采用差异性目标市场策略。避免与竞争对手采用相同的策略。

4）企业资源状况。企业资源条件好，可以采用差异性目标市场策略或无差异性目标市场策略；若企业资源条件有限，应采取集中性目标市场策略，取得在小市场上的优势地位。

小案例

丰田汽车公司的差异化策略

1970 年，美国发布了限制汽车排放废气的《美国净化空气法》（马斯基法）。而丰田汽车公司早在 1964 年就把省油和净化技术列为自己的技术发展战略，并一直进行相应的技术研究。为了研制废气再循环装置和催化剂转换器，丰田汽车公司在当时的七年间投入了 10 000亿日元的资金和一万人的力量，仅废气处理系统就开发出丰田催化方式、丰田稀薄燃烧方式、丰田触媒方式三种，并很快在“追击者”高级轿车上安装了这些装置，从而在这一技术领域把美国汽车同行远远甩在了后面。同时，丰田汽车公司还与其他日本汽车厂家一起开发了节约燃料 25% ~30% 的省油汽车，以后又开发出了防止事故发生和发生事故后保证驾驶人员安全的装置。这些对受石油危机冲击后渴望开上既经济又安全的轿车的美国人来说无异于久旱逢甘露。五年间，在其他厂家的汽车销售量直线下滑的情况下，丰田在美国的销售量却增加了两倍。

3. 决定目标市场的要点

企业要决定目标市场必须弄清与此有关的一系列问题，包括：企业的目标市场在哪里；哪种类型的顾客将使用自己的产品，为什么；什么是重要的区隔变量；潜在消费者的数量有多少；什么因素限制了整体市场的容量；企业产品的市场份额是多少；是增大、缩小还是稳定；潜在消费者在什么地方；企业产品的价格会符合顾客合理的期望值吗；与业已存在的产品相比企业的产品有优势吗；现有的产品消费模式是什么样的；这类产品的市场容量会在未来一年、两年乃至五年内有显著变化吗；消费者购买这类产品的频率如何；产品销售有明显的季节性和地域性吗；哪种产品特性对消费者最有吸引力；消费者有哪些成见等。

五、目标市场的分类与策略

1. 目标市场的分类

目标市场可以分为无差异性目标市场、差异性目标市场和集中性目标市场。

无差异性目标市场是指企业只推出一种产品，运用一种营销组合，以此吸引尽可能多的顾客。无差异目标市场适合于消费者具有共同需求特征的同质产品，因而风险大，容易失去市场机会。

差异性目标市场是指企业针对不同的细分市场，设计生产或经营不同的产品，并根据每种产品分别制定独立的营销策略。差异性目标市场适合于产品小批量、多品种生产，面对各类消费者，比较灵活，针对性强，风险分散，有利于提高市场占有率，但渠道管理与销售成本比较高。

集中性目标市场是指集中以一个或少数几个细分市场为目标市场，整合企业营销力量，实行专门化生产或销售。集中性目标市场有利于企业发挥自己独特的优势，降低成本，提高盈利，但目标市场相对比较狭窄。

2. 不同目标市场的营销策略

不同的目标市场在目标客户、产品结构、销售渠道、媒体策略、价格安排、与战略要点等诸多方面有着明显不同的特点，因而在市场营销活动中应当应因而对，采取不同的策略。无差异性目标市场的营销策略见表1-1，差异性目标市场的营销策略见表1-2，集中性目标市场的营销策略见表1-3。

表1-1 无差异性目标市场的营销策略

战 略 因 素	无差异营销策略
目标市场	广泛的消费者
产品	同一品牌的产品种类有限，面向所有类型的消费者
分销	所有可能的网点
促销	大众媒体
价格	一个众所周知的价格范围
战略要点	以统一、广泛的市场营销项目来吸引大量消费者

表1-2 差异性目标市场的营销策略

战 略 因 素	差异营销策略
目标市场	两组或更多组精心挑选的消费者
产品	不同的品牌或版本，针对各个消费者群体
分销	按照细分市场分别确定所有适合的网点
促销	按照细分市场分别确定所有适合的媒体
价格	针对各个消费者群体制定不同的价格范围
战略要点	通过不同的市场营销计划来满足各个细分市场，以此来吸引两个或更多不同的细分市场

表1-3 集中性目标市场的营销策略

战 略 因 素	集中营销策略
目标市场	一般精心挑选的消费者
产品	一组品牌专对一组消费者
分销	所有适合的网点
促销	所有适合的媒体
价格	针对特定的一组消费者制定一个价格范围
战略要点	通过高度专门化但统一的市场营销项目来吸引一组特定的消费者群体

六、选择目标市场的几种方法

1. 市场机会指数法

市场机会指数是某细分市场在整个市场的销售地位与企业产品在该细分市场的销售地位

之间的比较关系。市场机会指数法的计算公式为

$$市场机会选择指数=\frac{\dfrac{该细分市场的销售额}{整个市场的销售额}}{\dfrac{企业在该细分市场的销售额}{企业销售总额}}$$

通过以上计算，如果市场机会指数大于1，则说明该市场开发潜力较大。某企业应用市场机会指数法举例见表1-4。

表1-4 某企业应用市场机会指数法举例

细分市场	销售额		本企业销售额		市场机会选择指数
	金额/万元	比重(%)	金额/万元	比重(%)	
华北市场	3 649	15.02	103	6.19	2.43
中南市场	4 284.5	17.65	214.5	12.90	1.37
东北市场	2 992.5	12.23	163.5	1.37	1.25
华东市场	9 732.5	40.20	561.5	9.83	1.19
西南市场	2 002.5	8.25	319	33.75	0.43
西北市场	1 603	6.65	302	19.18	0.37
销售总额	24 274	100.00	1 663.5	100.00	—

上表计算结果可见，某企业在华北、中南、东北、华东地区的市场指数均大于1，开发潜力较大。

2. 市场增长指数法

市场增长指数是从动态的角度反映企业对子市场开发的可能性。市场增长指数法的计算公式为

$$市场增长指数=\frac{下期预期销售量(额)-本期实际销售量(额)}{本期实际销售量(额)}\times100\%$$

通过以上计算，如果增长指数高，说明这个子市场的销售潜力大，开发价值大；反之，则说明开发价值较小。某车型市场增长指数法举例见表1-5。

表1-5 某车型市场增长指数法举例 （单位：辆）

类　别	细分市场			销售量
	东　部	中　部	西　部	
本期	3 000	2 400	2 200	7 600
下期预计	3 200	3 100	2 400	8 700

由上表计算可得：

$$东部增长指数=\frac{3\,200辆-3\,000辆}{3\,000辆}\times100\%=6.67\%$$

$$中部增长指数=\frac{3\,100辆-2\,400辆}{2\,400辆}\times100\%=29.17\%$$

$$西部增长指数=\frac{2\,400辆-2\,200辆}{2\,200辆}\times100\%=9.09\%$$

计算表明，这一车型的目标市场，中部增长指数高，开发价值更大。

3. 市场选择指数法

市场选择指数是企业在某细分市场的各考察因素的评分经加权后的总和。市场选择指数法通过有关人员对影响市场选择的各种因素打分，然后按不同的权数将各项得分加总，选择总分较高的子市场为目标市场（40 分以下不选择，40 ~ 80 分可以选择也可以不选择，80 分以上可以选择）。其计算公式为

某一子市场选择指数 = 第一项权重 × 得分 + 第二项权重 × 得分 + … + 第 n 项权重 × 得分

举例：某车型的三个子市场评价分数及各因素所占权数见表 1-6。

表 1-6 某车型的三个子市场评价分数及各因素所占权数表

影响因素	权数	细分市场评分		
		A1	A2	A3
市场实际需求量	0.3	90	70	50
市场潜在需求量	0.15	85	65	30
竞争状况	0.25	80	65	20
市场稳定性	0.1	85	70	20
企业生产服务能力	0.2	90	65	20

由上表数据，经计算：A1 细分市场得分 86.25，应当开发；A2 细分市场得分 67，应当待开发；A3 细分市场得分 30.5，可以放弃。

第二节 营销的相关理论

一、营销的简单定义

企业开展营销活动的最终目的是发现、创造和交付价值，满足一定目标市场的需求，同时获取利润。营销究竟是什么？对此，各种营销书籍的描述并不一样。

小资料

新旧营销观念的不同特点

新旧营销观念的不同特点见表 1-7。

表 1-7 新旧营销观念的不同特点

<table>
<tr><td>营销观念 \ 不同特点</td><td>营销活动的重点</td><td>营销活动的起点和中心</td><td>营销活动手段</td><td colspan="2">营销活动目标</td></tr>
<tr><td rowspan="3">旧观念</td><td>生产观念</td><td rowspan="3">产品</td><td rowspan="3">以产品为中心，以卖方市场、卖方要求为前提</td><td rowspan="3">按照既定现状把产品卖出去</td><td rowspan="3">销售量的增加→利润的提高→成本高→损害顾客利益</td></tr>
<tr><td>产品观念</td></tr>
<tr><td>推销观念</td></tr>
<tr><td rowspan="2">新观念</td><td>市场营销观念</td><td rowspan="2">消费者</td><td rowspan="2">以消费者为中心，以买方市场、买方要求为前提</td><td rowspan="2">充分利用营销手段，满足买方要求</td><td rowspan="2">满足顾客要求、维护顾客社会利益→利润提高</td></tr>
<tr><td>社会市场营销观念</td></tr>
</table>

美国营销协会对营销下的定义是："营销是规划和实施理念、商品和服务的设计、定价、促销和分销以实现满足个人和组织目标交换的过程。"这一定义认为，营销包括两个方面：第一，营销是一种哲学、一种态度、一种预见或是一种以顾客满意为导向的管理模式；第二，营销是用来实施这种哲学的一系列活动。

菲利普·科特勒用最简单的概念定义营销，他说："营销最简单的定义是盈利性地营造顾客满意"。菲利普·科特勒关于营销的简单定义从本质上揭示，所谓营销必须紧紧抓住"顾客满意"和"企业盈利"这两个关键目标，并将这两个关键目标有机统一起来，两者不可偏废。因为没有顾客满意，企业就不能持续发展；反过来，如果企业不能实现盈利，企业就无法继续生存和发展。

必须明确的是，营销是市场实践的产物，研究营销必须适应客观而且不断变化的市场实际。因而，营销必须与时俱进，应因而变。从这个意义上讲，营销没有固定模式。第一，世界各国具有不同的政治环境、经济环境和文化环境，营销的环境各不相同；第二，即使在同一个国家，各种行业的营销方式也不可能一样；第三，在同行业里，不同的企业，在不同的阶段也可能采用各自不同的营销方式。

综上所述，市场营销是一门实践性极强的学科。市场实践需要营销理论，也正是复杂多变的市场实践不断丰富着营销理论。

二、几种营销理论

1. 传统的4P理论

传统的4P理论强调营销必须重视产品、价格、渠道、促销四个方面。这一理论最早由杰瑞·麦卡锡（Jerry McCarthy）在《营销学》中提出。

产品（Product）是指能够提供给市场，被人们使用和消费并满足人们某种需要的任何东西，包括有形产品、服务、人员、组织、观念或它们的组合。

价格（Price）是指顾客购买产品时的价格，包括折扣、支付期限等。价格或价格决策，关系到企业的利润、成本补偿，以及是否有利于产品销售、促销等问题。影响价格的主要因素有三个：需求、成本、竞争。最高价格取决于市场需求，最低价格取决于该产品的成本费用，在最高价格和最低价格之间，企业能把这种产品价格定多高则取决于竞争者同种产品的价格。

渠道（Place）是指在商品从生产企业流转到消费者手上的全过程中所经历的各个环节和推动力量之和。

促销（Promotion）是企业或机构用以向目标市场通报自己的产品、服务、形象和理念，说服和提醒他们对企业产品和机构本身信任、支持和注意的任何沟通形式。广告、销售促进、人员推销、公共关系是一个企业或机构促销组合的四大要素。

需要注意的是4P之间的关系不仅是一种组合关系，而且是一种营销混合，是一种牵一发而动全身的关系。企业运用4P理论必须强调产品、价格、渠道、促销这四个方面的有机整合。

2. 现代的4C理论

4C理论强调要关注顾客的需要及欲求，包括：客户价值（Customer Value），客户成本（Customer Cost），客户便利（Customer Convenience），客户沟通（Customer Communication）。

4C理论明确指出客户需要的是价值、低成本、便利和沟通。企业必须关注顾客的成本，

其中包括：软、硬成分的整体顾客成本以及产品的认知价值；关注顾客的方便性，强调出售产品的配销渠道以及产品带给顾客的方便程度，应以顾客立场认为的方便性为重，而不是传统性生产者立场的安排；关注顾客和企业需要双向沟通，而不是传统的大众传播式的单向沟通。

3. 竞争条件下的4R 理论

4R 理论是一种以竞争为导向的营销理论，要求以关联、关系、反应和回报长期拥有客户，延伸和升华便利性，实现双赢。

关联（Relevancy）强调企业与顾客是一个命运共同体，建立并发展与顾客之间的长期关系是企业经营的核心理念和最重要的内容。

反应（Respond）强调在相互影响的市场中，对经营者来说最现实的问题不是如何控制、制定和实施计划，而是如何站在顾客的角度及时地倾听和从推测性商业模式转移成为高度回应需求的商业模式。

关系（Relation）强调在企业与顾客的关系发生了本质性变化的市场环境中，企业抢占市场的关键已转变为与顾客建立长期而稳固的关系。

回报（Return）强调任何交易与合作关系的巩固和发展都是经济利益问题。因此，一定的合理回报既是正确处理营销活动中各种矛盾的出发点，也是营销的落脚点。

4R 营销以竞争为导向，在新的层次上提出了营销新思路，真正体现并落实了关系营销的思想，是实现互动与双赢的保证，使企业兼顾到成本和双赢两方面的内容。

4. 精准营销理论

菲利普·科特勒认为，许多因素都会影响营销结果，包括：行销、政治、调研、细分市场、目标顾客、定位、产品、价格、促销、渠道、人员、包装、薪酬等各种因素。在此基础上，菲利普·科特勒提出了精准营销理论，认为在市场营销过程中必须随需（需求）应变、随敌（对手）应变、随机（机会）应变，并在战略方向、以人为本、顾客满意、差异化、人员能力、竞争、执行管理、低成本、运营流程、创新、反应、焦点集中等要素上把握营销过程。

5. 资料库营销

资料库营销也称数据库营销，强调企业要收集和积累有关顾客对企业及产品的认知、印象识别、支持认同、过去的交易记录，以及个人的资料、财务状况、购买行为等大量信息，经过分析挖掘商机，预测顾客光顾的可能性。

资料库营销将市场影响因素进行定性化及定量化系统的统计分析，可以帮助企业精确地制定各种营销策略，如市场细分，品牌定位，确定目标市场，优化配销渠道，制定价格策划，拟订促销组合，进行营销审核等。

6. 关系营销

关系营销把营销活动看成是企业与消费者、供应商、分销商、竞争者、政府机构、外部公众，以及企业内部人员，包括股东之间、管理人员之间、员工之间、部门之间和其他间接影响内部关系的人员发生互动作用的过程。

关系营销认为，企业和内外人员及消费者之间的公共关系是企业营销成败的核心问题，其特点是企业与人员或其他组织之间的双向沟通公共关系，而鄙视私人性质的纯人情关系。它的目的是建立一种兼顾双方长远利益且稳定的长期合作的双赢关系，而不是个人短期的金钱利益。

小资料

人际关系互动理论

美国社会学家波沙特认为，人际关系建立、维护、扩大的关键在于人际互动，他认为增加有效的人际互动可以迅速扩大人们的人际关系网络。为此他还创立了一个人际关系互动公式：

$$\frac{N^2 - N}{2}$$

按照这个公式，如果有50位熟悉的朋友之间能够保持有效的互动，这50人之间就存在着一个具有1 225对关系的人际关系网：

$$(50 \times 50 - 50) \div 2 = 1\ 225$$

7. 忠诚度营销

忠诚度营销认为，企业提高顾客对所购买的商品及其服务的整体满意程度，包括生理上的物质性硬满足和心理上、精神上、心灵上服务的软满足，以求达到顾客长期不叛离，保持顾客终身价值，继续光顾的可能性。

8. 联合营销

联合营销又称为合作营销，是指两个以上的企业或品牌拥有不同的关键资源，而彼此的市场有某种程度的区分，为了彼此的利益，进行战略联盟，交换或联合彼此的资源，合作开展营销活动，以创造竞争优势。两个不同的行业之间的联合营销也称为跨界营销。

9. 整合营销

近代信息知识及高科技技术的广泛应用，造成传统的经济现象、市场结构、消费行为，甚至消费者的生活方式、文化理念、价值观念等都起了翻天覆地的改变。在新的情况下，许多传统的营销概念有重新整合的必要。整合营销和传统营销最大的分别在焦点置于消费者和潜在消费者上，而非传统的企业目标营业额或目标利润上。

在策略上，整合营销最重要的部分是将消费者购买诱因转到注重宣传产品给消费者的利益而非特点。

整合营销重新理顺营销过程中许多不到位、无效率、概念错误，以及不切时宜的缺陷，有益于更精确地执行各种营销战略，提高效益，提升企业的成本效益比。

10. 直复营销

直复营销是为了达到优质及量化的市场营销目标，企业与顾客及潜在顾客之间进行直接互动式的接触。

直复营销的方法有直邮、电话销售、目录式销售、上门推销、信函推销、招贴推销、电视、广播、报纸、杂志、电影直销售等。随着电子技术的发展，直复营销可利用的电子媒体有互联网、电子邮箱、宽频道三合一媒体等。

直复营销系统性地使用数据库信息，从中找出适合的轻、重度用户及准客户群，在传播组合的策略下进行有效的一对一营销、个性化营销、订制营销等。

直复营销的目标是在企业与顾客之间保持双向沟通，以建立一种长期的良好关系，确保顾客的满意程度，证明产品及服务的成功。

11. 植入式营销

植入式营销是指将产品或品牌及其代表性的视觉符号，甚至服务内容策略性地融入电

影、电视剧或电视节目各种内容之中，通过场景的再现，让观众在不知不觉中留下对产品及品牌的印象，继而达到营销产品的目的。进口起亚汽车在电影《丝丝心动》中的植入广告如图 1-3 所示，剑南春酒在电影《唐山大地震》中的植入广告如图 1-4 所示。

图 1-3 进口起亚汽车在电影《丝丝心动》中的植入广告

图 1-4 剑南春酒在电影《唐山大地震》中的植入广告

植入式广告不仅运用于电影、电视，植入式广告还可以植入各种媒介，如报纸、杂志、网络游戏、手机短信，甚至小说之中。跌宕起伏、精彩连连的剧情总会让消费者对产品的记忆更加深刻，无意识的就记住产品（服务）。

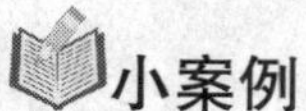小案例

上海汽车的 8min 植入

在青春偶像剧《一起来看流星雨》的第二集剧情中，出现了长达 8min 的上海汽车名爵品牌植入式软性广告，引起了观众的激烈讨论。此前，汽车厂商更多是与电影合作，如《变形金刚》、《疯狂的赛车》、《偷天换日》等，如今，汽车厂商也打起了电视剧的主意。本次的植入式广告是一笔稳赚不赔的买卖。起码，经过这四集的播出，无论是不是车迷，都深深地记住了 MG3SW 这款被提及最多的车型。而此次的植入引发舆论如此之多的关注，无疑也表明上海汽车在吸引眼球、传递品牌方面获得了一定的成功。

12. 无线营销

中国是一个以手机为中心的互联网市场。手机的普及使中国成为了全世界最大的手机营销平台。无线营销使汽车营销从普通的品牌构建营销过渡到用户与品牌的深度沟通，使之成为精准营销的重要手段。

无线营销的特征是：主动式传播、实时互动，以及有针对性地选择传播受众，让企业能够深入地洞察用户的消费形态，建立和保持与用户之间的主动联系。手机的无线随身性打破了固有的营销方式，正在悄然改变汽车市场的营销格局。

小案例

斯柯达率先启动无线营销

上海大众斯柯达旗下全新车型昊锐（Superb）预售的启动，其官方 WAP 网站正式全面开通。只要是手机拥有上网功能的消费者都可以通过手机随时随地访问这个 WAP 网站，可

浏览到图文并茂的内容，包括斯柯达品牌及其旗下的昊锐（Superb）、晶锐（Fabia）、明锐（Octavia）等车型的相关信息和最新动态，与此同时，还可以了解斯柯达客户专属的特惠活动，并可以方便地将这些活动信息转发给好友或发布至论坛。

除了提供信息服务，这个WAP网站还拥有众多功能。比如，用户只需提交所在城市的电话区号便可获悉该城市所有斯柯达经销商的地址、电话等相关信息。

第三节　策划的核心思想

一、策划的相关概念

1. 策划溯源

“策划”一词最早出现在《后汉书·隗嚣传》中“是以功名终申，策画复得”之句。其中，“策画”即“策划”，意思是计划、打算。策最主要的意思是指计谋，如决策、献策、下策、束手无策。划是指设计，工作计划、筹划、谋划中的“划”，意思为处置、安排。策划分为策略方案的思考与计划编制这两个过程。策略思考又称策略性思考，指的是为达成某种设计，编制具体行动的计划的过程，或为达到某种特定的目的，所需采用的方法论的思考与设计。计划编制是指按照已经确定的方法论，编制具体行动的计划的过程。

2. 众说纷纭的策划概念

人们从各种角度理解策划，学界至今并没有完全一致的概念，不同学者对此有着各自不同的解释。有的认为，策划是一种智慧创造行为；有的认为，策划是一种对未来采取的行动做决定的准备过程；有的则认为，策划是通过精心安排的宣传和手段，对事件的发生、发展进行操作；也有的认为，策划就是有效地组织各种策略方法来实现战略的一种系统工程；更有人认为，策划是一种从无到有的精神活动。关于策划，我国营销策划专家叶茂中经过长期策划实践，对策划提出了自己独特的理解，他认为：“策划是将适合的产品用合适的方法，在合适的时间、合适的地点卖给合适的消费者的一种技巧”。他认为，策划是通过概念和理念创新，利用整合各种资源，达到实现预期利益目标的过程。策划应当具备以下特征：第一，策划必须是创新的；第二，策划必须是有资源的；第三，策划中的各类必须是有整合可能性的；第四，策划必须是能够达到一定预期目标的；除此之外，策划必须强调它的经济性，亦即用更少的钱办更大，更有效的事。

二、策划的相关内容

策划是出谋划策以实现预想的目标的行动。汽车市场营销策划是一种营销管理程序。

1. 策划的任务

策划的任务是维持、发展企业的资源、目标与千变万化的市场机会之间进行切实可行的配合。

2. 策划的目的

策划的目的是：发展或重新开拓企业的业务与产品，将它们结合起来，以期获得令人满意的利润和发展；策划的课题来源于热心职务的管理者或员工激烈的问题意识。

3. 策划的过程

策划的过程是一个不断发现问题、设定课题、解决问题的过程；策划的具体过程是运用创意去解决某一个难题的活动。

4. 策划的基本功

策划的基本功是：整合资源，并加以优化连接；创新思考，并“无中生有”地创造新的方法；运用科学和艺术手段，刺激消费者的消费欲望；经济性地安排市场营销活动，并使策划的文案可以实施、结果可以期待。

三、策划的含义

策划的含义比较表见表 1-8。

表 1-8 策划的含义比较表

含义 特点	策划	点子	决策	计划	谋略	战略	策略	咨询
对象	不限	具体	不限	不限	复杂	不限	具体	不限
预谋性	高	一般	不一定	一般	高	高	较高	一般
创造性	一定有	一般	不一定有	不一定有	一定有	一定有	不一定有	不一定有
科学性	高	一般	高	较高	较高	高	较高	较高
艺术性	高	高	一般	低	较高	一般	较高	一般
可行性	高	一般	高	较高	一般	较高	高	一般
知识面	广泛	较广泛	专业性	专业性	专业性	广泛	较广泛	广泛
方案	正规	一般	不一定	一般	不一定	正规	较正规	正规

策划具有智慧性、目的性、预测性、风险性、科学性、创造性与可操作性等特点。策划不同于人们通常所说的点子、决策、计划、谋略、战略、策略和咨询，在预谋性、创造性、科学性、艺术性、可行性、所涉及的知识面和方案撰写等方面的特点和要求程度各有区别。

四、策划与企业营销目标

企业营销目标能够给企业的行为设定明确的方向，使企业充分了解自己的每一个行为所产生的效果；使企业知道对于自己什么是最重要的事情，有助于合理安排时间；能清晰地评估每一个行为的进展，正面检讨每一个行为的效率；能预先看到结果，稳定生产，从而产生持续的发展动力。

汽车营销企业的主要目标包括：市场单位的市场占有率（数量、销售额、利润）；组织的创造力；员工的劳动生产率；对人才的吸引力；流动资金；对利润和利润率的要求。

策划课题来源于营销实际情况与企业目标之间客观存在的差距，能否发现问题，关键在于是否能够完整地理解企业营销目标。

五、策划与企业资源

策划不能停留在发现问题上，关键是在发现问题以后，艺术性地整合企业所拥有的内、外资源，运用创意去解决某些难题。

善于发现和利用各种资源，包括企业自身的资源和环境资源，才能避免使策划成为无本之木。

六、营销策划的原则

1. 战略性原则

战略性原则是指策划必须从企业的整体和大局出发，符合企业的战略。策划的开局、析局、创局、选局、布局、运局、馈局和结局八大过程，都与企业的战略全局密切关联。因为每个局部运作的好坏都会对整个全局造成影响。

营销策划的战略性原则的主要要求是：策划要从整体性出发，注意全局的目标、效益和效果；策划要从企业的持续发展出发，处理好眼前利益和长远利益的关系；策划要从层次性出发，总揽全局，考虑下一个层次的策划时，应该同上一层次的战略要求相符合。

2. 定位性原则

定位性原则是指对具体营销项目进行策划时，必须找准目标。大的方面要确定汽车营销的总体定位；小的方面要确定本次策划项目的具体定位，包括：主题定位、市场定位、目标客户定位、现场设计定位、广告宣传定位、营销推广定位等。

3. 客观性原则

客观性原则是指在策划运作的过程中，策划人必须通过各种努力，使自己的主观意志自觉能动地符合策划对象的客观实际。

遵循客观性原则做好策划包括：实事求是地进行策划，不讲大话、空话；做好客观市场的调研、分析、预测，提高策划的准确性；在客观实际的基础上谨慎行动，避免故意炒作；策划的观念、理念既要符合实际，又要超前创新。

4. 整合性原则

在营销策划中，必须寻找和整合各种可以利用的资源，包括显性资源和隐性资源。从具体形式来看，资源可以分为主题资源、社会资源、人文资源、物力资源、人力资源等。这些资源在没有策划整合之前，是松散的、凌乱的、没有中心的，但经过整合以后就会巧妙地连接在一起，为整个策划的有效性服务。

为了有效地整合好营销策划的各类内部与外部资源，策划人必须要善于挖掘、发现隐性资源；让可利用资源与策划主题紧密相连，把握好整合资源的技巧。

5. 系统性原则

每一项具体的汽车营销活动策划手段的运用，都不是单一和孤立的，必须从完整的意义上加以系统化。营业推广、人员促销、公共关系、广告推广四大促销手段不应分割对待，而应加以系统编排，使之前后呼应，相得益彰。

6. 社会责任原则

当今时代，企业规模不断扩大，对社会的影响越来越大，因此，策划活动要被社会消费者接受，就必然要承担起社会的责任。

7. 权变性原则

权变就是随机应变。汽车市场面临的是一个动态变化的复杂环境，营销策划要及时、准确地把握汽车市场发展变化情况，预测事物可能发展的方向和轨迹，并以此为依据，调整策划目标和修改策划方案。做到随机应变的关键是：能否增强动态意识和随机应变观念；能否

掌握策划对象的变化信息；能否预测对象的变化趋势，掌握随机应变的主动性；能否及时调整策划目标，修正策划方案。

8. 人文性原则

人文性原则是强调在营销策划中把握社会人文精神，深入领会我国人文精神的精髓；理解风俗和流行；运用社会学原理，把握好消费者和社会公众的相关特点；凸显产品、服务、渠道的个性；通过社会文化的弘扬，促进产品及企业品牌的形成。

9. 可操作性原则

营销策划的目的是实现预定的策划目标和效果，必须可以操作。可操作性原则要求汽车市场营销策划必须科学、可行。因此，策划人要研究：第一，策划方案是否可行；第二，策划方案是否符合市场变化的具体要求；第三，策划方案是否能够以最小的经济投入达到最好的策划目标；第四，策划方案实施过程中是否能够合理有效地利用人力、物力、财力和时间，能否使用最小的消耗和代价争取最大的利益，使风险最小，成功的把握更大。

10. 创新性原则

创新就是策划思考要独到、新颖，有个性，具有超越一般的功能。首先策划观念要创新；其次，策划主题要创新；再次，策划手段要创新。只有这样，策划才能强烈刺激消费者的感觉，震撼消费者的心灵，激发消费者的购买欲望。

11. 效益性原则

所有营销策划活动都必须进行该活动对业绩提升和客户开发成果的评估，关注效益。评估时间的长短要根据营销活动的规模决定。规模大、过程复杂的营销活动，评估的周期就要相对长一些。一般情况下，以3~6个月为宜。一般认为，成功营销活动导致销售额增长所获得的纯利润应是营销活动投入的1.5倍以上；如果销售额增长所获得的纯利润只是营销活动投入0.5~1倍，则说明该营销活动并不是成功的；如果销售额增长所获得的纯利润只是营销活动投入的0.5倍以下，说明该营销活动是失败的。

第四节　策划的必要能力

策划需要策划人按照一定的理论逻辑和策划方法展开。汽车企业的大型营销项目，可能通过专业的策划机构策划，营销活动中更多的策划任务则由企业市场营销或品牌管理部门的专职人员承担。大到制造企业、汽车营销集团，小到一个具体的4S店，都应当拥有从事市场营销策划的人员。营销策划是一种科学性、艺术性很强的知识加工活动，这对市场营销策划人员的素质要求非常高，需要相应的能力作为支撑。

一、营销研究能力

1. 营销研究的相关概念

营销研究是贯彻营销概念的关键。营销研究的目的是：发现市场机会与市场问题；发起、完善与评价营销活动；监测营销绩效。营销研究的手段包括抽样调查、观察研究、定性研究、实验研究、次级资料分析、跟踪研究、零售与广告监测等研究方式。

2. 营销研究的作用

营销研究可以系统地收集、整理、分析和报告有关营销信息，帮助企业准确地了解市场机遇，发现市场营销过程中所存在的问题，正确制订、实施和评估市场营销策略和计划。

3. 营销研究的发展趋势

营销研究的发展趋势是：研究手段的高科技化；研究方法的综合化；研究业务的专门化；项目设计与执行的本土化；研究结果和信息提供方式的多样化。

4. 营销研究对策划人员的素质要求

要帮企业明确思路、打开市场、解决营销中的实际问题，从而切切实实地提升销售额，策划人员必须具备以下素质：

1）宽阔的国际视野。汽车市场营销策划人员对于汽车市场能够进行发散性和全局性思考，懂得人情、行情、国情和世界经济格局，从而从更宽泛的市场环境中选择自己企业产品和服务的定位，研究自己的策略。

2）扎实的知识结构。汽车市场营销策划人员必须具备扎实的知识基础，包括：汽车市场调研与预测、汽车产品商务评价、汽车市场营销、汽车服务工程和汽车市场营销策划等一系列专业知识。

3）踏实的工作态度。踏实的工作态度是指策划人员在策划时必须认准企业实际需要解决的问题，一切从实际出发，充分理解中国汽车市场的多元特点，不能言必称外国，言必称名牌，要反对本本主义，反对闭门造车，做到“不唯书，不唯众，不唯外，不唯名，只唯实”。

4）睿智的思考习惯。汽车营销策划必须具有创意，创意的产生有赖于睿智的思考习惯。策划人员只有掌握更多的信息，不坚守自己的立场，善于观察、善于积累、善于发现、善于思考、善于整合才可能经常想象新的事物、创造新的事物。

5）有效的工作方法。策划必须重视调研，因为营销调研是营销策划的基石，策划人员许多好的“点子”、好的想法都是在对市场的考察中、在和消费者的对话中、在与中间商以及企业内部人员的沟通和调查研究中产生的。

6）严格地对待流程。任何策划都是一个完整的过程，包括调研、设计方案、培训、指导实施、评估修正等。策划人员只有认认真真、一丝不苟地搞好每一个环节，才能取得期望的策划效果。策划系统图如图 1-5 所示。

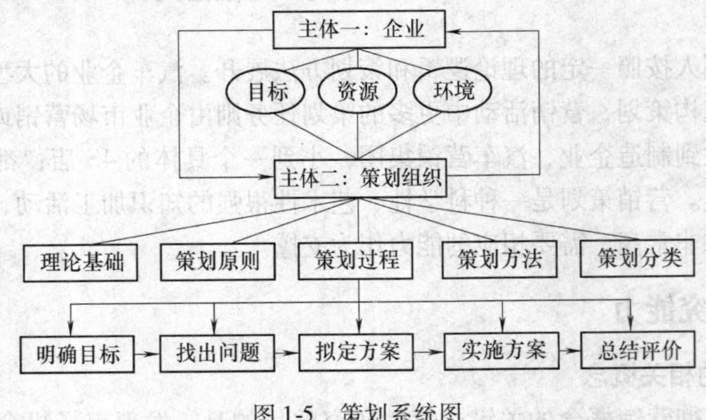

图 1-5 策划系统图

7）很强的实践能力。策划人员需要有深厚的理论功底和大量实践经验。离开对营销问题的深入研究，脱离丰富多彩的营销实践，不会真正明白什么是企业，什么是营销，企业究竟需要什么。没有理论和实践支撑的策划不可能符合科学性和艺术性原则，也不可能真正创造营销活动的实际效果。

8）科学的学习方法。当前的市场竞争很大程度上表现为策划的竞争。汽车市场营销实践中可以看到的成功案例众多，学习是必需的，但只有紧密结合自身实际，加上自己的取舍，才能取得实效。因为，所有成功案例的背后都有着策划活动的特别背景，学习别人的形式不难，但策划背后的文化很难直接拿来。照搬照抄的结果只能使营销活动千篇一律，而难以彰显其真正的张力。

9）熟练的分析技术。策划人员一般需具备计算机应用知识和技能及分析与研究能力。营销研究过程涉及不少统计技术，常用的统计技术包括多元回归分析、判别分析、因子分析、聚类分析、关联分析、多维比例分析、离散选择分析等。有志于在市场营销策划岗位上发展自己的人员，必须掌握这些技术。

二、信息收集能力

1. 信息收集的目的

为了企业更好地参与市场竞争，策划人员必须掌握市场发展的现状，以及竞争对手的情况，通过调研，采集、分析各种商业信息。收集信息的目的是通过发散加工找到与问题有关的尽可能详尽的数据，然后在收敛加工中尽量多地找出最重要的数据。收集信息是寻找问题的继续，可以加深对问题的认识。信息收集的意义在于：进一步明确问题；引发全面思考；启示新的角度；进一步选择问题。

2. 信息的主要来源

信息可以分为一般信息、有关人的信息、潮流信息、先行的主题信息和计划性信息。一般信息来自媒体，需要经常接触；有关人的信息来自各种关系，需要定期接触；潮流信息敏感反映时代变化，需要保持警觉；先行的主题信息要通过设定主题，有目的地收集；计划性信息需要按照计划，独立收集。信息收集的来源很多，可以通过市场调研、行业信息交流、书报杂志、电子媒体、人际交往等各种途径获得。信息的焦点迁移和扩张非常有用，信息只有经过分析加工才能变成知识和智慧。

三、发现可能的能力

发现力就是寻找的能力，一种发现新的可能的能力。策划人员要想锻炼自己的发现力首先要培养自己的问题意识。问题意识相对于成见的僵硬具有变化与弹性。培养发现力应时刻注意：不带有成见；常持有问题意识；拥有多角度的视野。

四、产生创意的能力

创造力也可称作发想力，包括想象新的事物，创造新的事物。以下情况下容易产生灵感：因为做笔记而减轻大脑记忆的负担；持续很好的状态（轻松的时候）；相信自己的头脑；自认为好的环境；有必要的信息；不坚守自己的立场。

创意的敌人是思维定势。思维定势的典型的表现有书本定势、权威定势、从众定势和经验定势。

五、立体构造的能力

灵感是点，企划是线，以行动为前提的计划则是立体构造。整理和构成就是通过现实的评价，将灵感组合起来和将灵感规格化的过程。整理和构成是一种反复的过程。对构成的过程应当检查，要点是：是否可行？是否有方法？会不会想象过头？是否能产生立即效应？是否符合目标？除此还有更好的方法和点子吗？是否能系统化？是否能持续？是否能平衡各种关系。用以上方法认真检查自己的策划方案，可以提高策划的质量。

六、完整策划的能力

策划要用心去做，并用挑剔的眼光检查策划的冲击印象和实行可能性。检查策划的实现可能性，可从以下方面入手：将想要表现的东西整理出来；组合想表现东西的顺序；检查是否能造成很强的印象刺激；加上几个简洁的关键词；统一整体的格调。

七、力求成功的能力

作为营销策划人员，提出策划，一定要力求成功，不论营销活动的规模如何，出席的人员多少，都应一样用心去打动参与者，做到静动互用、合宜表达；检查策划案可能导致的印象刺激；考虑受众能够接受的程度；预测策划能否使消费者感动；预测策划能否造成成功的结果。

本章小结

研究市场营销策划首先必须理解与此相关的市场、营销、策划等基本概念。

简要地讲，市场就是有购买某种商品需求和购买欲望，并有相应支付能力和决定能力的人与组织。

市场细分是企业根据消费者需求的不同，把整个市场划分成不同的消费者群的过程，包括地理细分、人口细分、心理细分、行为细分、受益细分五种基本形式。

理解市场的目的在于能够找到符合企业特征的目标市场。一个好的目标市场应当具备如下条件：第一，该市场有一定的购买力，企业能够在此取得一定的销售额和利润；第二，该市场有尚未满足的需求，而且有一定的发展潜力；第三，本企业有开拓该市场的能力，而且该市场也未被竞争者完全占领或控制。

营销最简单的定义是"盈利性地营造顾客满意"。营销企业的所有工作都是围绕着顾客满意和企业盈利两大目标展开的，为了达成两大目标必须加强管理。市场无时不在发生变化，营销思想和营销方法应当与时俱进、以变制变。

策划在市场营销过程中具有重要作用。策划是将适合的产品用合适的方法，在合适的时间、合适的地点卖给合适的消费者的一种技巧，是通过概念和理念创新，整合各种资源，达到实现预期利益目标的过程。

策划必须是创新的；策划必须是有资源的；策划必须是有整合可能性的；策划必须是能够达到一定预期目标的。策划具有很高的科学性和艺术性，策划人员应当具备较高的业务素质和关键能力。

作业与训练

一、复习思考题

1. 什么是市场？

2. 好的目标市场应当具备什么条件？

3. 什么是营销？分别解释4P、4C、4R理论。

4. 阐述策划的一般概念、核心思想和策划原则。

5. 汽车营销策划人员应当具备哪些能力？

二、填空题

1. 简要地讲，市场就是有购买某种商品需要和购买欲望，具有相应支付能力和决策能力，并愿意与商家发生交易关系的________或________。所谓开发市场从本质上讲就是找到具备上述条件的________或________。

2. 营销策划的原则是：战略性原则；________原则；________原则；整合性原则；________原则；社会责任原则；权变性原则；人文性原则；________原则；________原则；效益性原则。

三、实训项目：地方经济数据采集和分析实训

1. 对应知识

市场营销理论

2. 实训要求

利用计算机网络采集自己家乡三年国民收入水平的变化信息，分析当地汽车消费水平的变化。

3. 实训目的

通过家乡经济发展情况的信息采集，使学生进一步了解营销环境与汽车销售之间的关系；提高学生运用计算机技术采集和分析汽车营销市场环境信息的能力。

4. 执行提示

1）教师对数据采集进行技术指导。

2）布置实训要求。采集近三年学生家乡人均国民生产总值的相关数据，以及当地汽车消费情况变化的相关信息。

3）事先落实上机教室，检查网线连接情况。

4）学生上机采集信息，填写《地方经济数据采集和分析实训报告》，并根据学科知识，阐述自己对汽车营销市场环境与汽车产品选择关系的认识；分析当地汽车消费水平的变化。

5）学生完成《地方经济数据采集和分析实训报告》。

6）组织若干学生现场交流。

7）教师小结并给学生以鼓励性评价。

第二章 汽车市场营销策划方法

【学习目标】

1）了解企业竞争力及市场营销策划与企业竞争力之间的关系

2）理解策划的基础是资源的联动优化

3）理解策划的一般原则

4）理解市场营销策划思考方法

5）理解市场营销策划与创新的关系

6）熟悉市场调查方式、内容与方案撰写

7）了解市场营销策划的基本方法

8）了解市场营销策划的创意方法

9）掌握营销策划书的构成与撰写

案例导读

1. 东风日产苦心成就高雅

奥运会上一曲《我和你》，不仅把莎拉·布莱曼的名字带进了千家万户，更让她承载着神秘的魅力，成为人们心中的“月光女神”。

2009年，莎拉·布莱曼又启动了世界巡演的中国音乐之旅，却由东风日产来做全程的赞助商。乍看之下，这样的音乐盛事是怎么都与汽车没有任何交集的。

但是，东风日产却因旗下的一款车型——新天籁与莎拉·布莱曼的“天籁”之音这样的文字交集而找到共同点，真是煞费苦心。

2. Escape用创意吸引消费者体验

主题：“路，是Escape走出来的”

创意：

1）推出针对媒体与目标客户群的试驾大会。

2）5s的电视广告标板率先投放，3则报纸悬念广告，以动物为主角，以草原、森林、冰山等人迹罕至的大自然为背景，幽默地告诉消费者Escape就要来了。

3）主题性广告。它讲述的是一个死胡同前，所有的汽车都倒出来了，只有Escape汽车依然开了进去，留下的只有在垂直墙上的两行轮胎印，上面写着“路，是Escape走出来的。”

4）户外广告也并非投放在一个大型的娱乐城中，除了一堵展示形象广告的大型主题墙外，在1楼与2楼的室内地面，通往2楼自动扶梯处，都有Escape汽车的轮胎印，这种铺

天盖地的品牌印记，让消费者感受到Escape的力量。

5）最后，一个更具创意性的户外广告出现在××金融中心的中心大厦。在大厦的外墙，两行长长的轮胎印从底楼一直斜斜地延伸到顶楼，轮胎印的尽头是一辆真正的Escape汽车。下挂一幅大标语“路，是Escape走出来的”。

6）开通了专门的Escape探险网站，供网友及潜在消费者对Escape有更深入的了解与认知，同时也通过网站的互动方式进一步提升Escape的品牌精神。

案例学习目的：

学习上述案例的目的在于理解市场营销策划与企业竞争力的关系；资源联动优化和创新在汽车市场营销策划中的重要作用。

第一节　营销策划与企业竞争力

一、企业竞争力的构成

1. 企业竞争力的概念

企业竞争力是指在竞争性市场条件下，企业通过挖掘自身资源，培育自身能力，获取外部资源，并加以优化联动、有机整合、利用，为顾客创造价值，实现自身价值的综合能力。这是企业与其他企业相比，能够更有效地向市场提供产品和服务，并获得盈利和自身发展的综合素质。

2. 企业竞争力的构成要素

一个企业的竞争力由品牌形象、核心能力、核心竞争力和该企业的企业文化等各个层面组成，如图2-1所示。

图2-1　企业竞争力示意图

第一层面是品牌形象。品牌形象是企业组织文化的外在表现，可以展示、宣传、包装，有张扬性，看得见，摸得着。

第二层面是核心能力。企业的核心能力包括企业产品生产及质量控制、企业的服务、成本控制、营销和研发等能力，有可见性和可体验性。

第三层面是核心竞争力，包括建立在企业理念、企业价值观为核心的企业文化之上的核心竞争力，以及企业管理哲学、行为规范、创新能力、差异化、卓越的远见和长远的发展目标等要素。这是企业的养分和生长能力。核心竞争力具有隐私性和深层性，别人难以模仿和学习。

二、企业竞争力的策划

企业竞争力是企业最重要的资本，包括人力资本力、组织资本力和顾客资本力。离开人力资源策划、企业管理策划和市场营销策划，所有企业资本都不可能自行转化为企业竞争力，更不可能自行转化为企业的核心竞争力。策划与企业竞争力的关系如图 2-2 所示。

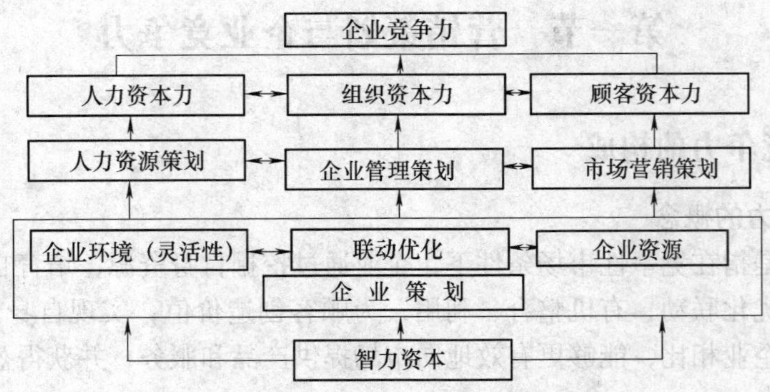

图 2-2 策划与企业竞争力的关系

1. 人力资本力

人力资本力是指企业拥有、配置、发展人力资源的能力。人力资源的指标由人力资源数量指数、人力资源质量指数、人力资源配置指数、人力资源需求指数和人力资源潜力指数综合而成。人力资本力是企业最为核心的竞争能力，这种能力是企业特有而且是最难被复制的能力。

2. 组织资本力

组织资本力是一个正在不断发展和完善的概念，历经了把组织资本视为组织拥有的信息、组织化的人力资本、组织化的知识和组织化的生产要素等发展过程。组织是一种资源、一种生产要素、一种资本。企业的组织资本深深植根于组织关系之中，不依赖于组织个体而存在。组织资本力是用组织协调和激励而提高效率、降低成本、获取能力的基础性生产要素。这种生产要素既包括人力资本和物质资本的有机整合，也包括支撑和优化人力资本和物质资本整合的组织环境、制度和结构等因素。组织资本力是企业竞争优势的源泉，也是推动企业发展的中心力量。

3. 顾客资本力

顾客资本力是指企业维护发展顾客关系的能力。顾客是企业的根本，没有顾客资本力的支撑，企业目标无从谈起。企业竞争力的终极表现是企业的顾客资本力。因为顾客决定着企业存在的必要性，也决定着企业发展的可能性。顾客竞争力检验企业的人力资本力和组织资本力。反过来，企业的人力资本力和组织资本力又是企业顾客资本力形成的基础。

三、策划与资源的联动优化

1. 策划不是无本之木

策划的关键是整合企业内外的有效资源，并通过策划过程使之连动优化。不能发掘企业内、外的丰富资源，并以此作为支撑，营销策划只能是无本之木、无米之炊。反过来，如果有了许多看似互为独立、多元分散的内、外资源，却不能将这些资源连动优化，则营销活动照样会显得苍白无力、缺乏活力，导致成本上扬且少有成效。

2. 环境资源的优化连接

营销策划不但必须善于发现企业内、外环境中可以被所用的各种资源，而且必须善于按照目标和连接可能性加以选择和组合，并进行创造性的连接和优化。实现资源连动优化的工作要点是：

1）发现资源，丰富策划内涵。任何企业的资源都是有限的。分析企业现有的一般资源和特殊资源，发现市场环境中与营销策划有关的可应用资源可以大大丰富策划内涵。

2）整合资源，强调外部反应。资源整合必须强调企业的外部反应，强调企业对市场资源的整合能力，强调将策划管理的重点转移到外部管理上，强调企业组织和社会环境的"界面管理"和"边缘竞争"，而绝非局限于本企业资源的管理上。它的核心内容是造势、借势和运势，使企业成为一个开放的系统，达成极限指标，使企业逼近极限市场，并使企业具有快速准确的外部反应能力，与外部环境对接流畅，使企业的营销实践和策划过程不但具有可操作性，而且达成高效的目标。

3）理解环境，运用现代技术。充分发掘企业内、外环境可被利用的资源，并加以优化组合，必须充分考虑新经济时代信息化的特征，充分运用现代信息技术和市场沟通工具，用现代技术选择资源、整合资源并加以优化组合。例如，充分发挥客户关系管理系统的作用，从大量数据中，抽出潜在的、有价值的知识、模型或规则，进行数据挖掘，就是发现和整合资源极为重要的手段之一。

小案例

中国重汽集团的营销创新

中国重型汽车集团有限公司（以下简称"中国重汽集团"）重组之初，采取的是自销的营销方式，自有营销人员多达1 400余名，而年销售量仅有1万辆左右，单车用在销售环节的费用高达3万元。

在中国重汽集团大力发展经销商、改装厂和4S店，依靠社会力量销售产品以后，中国重汽集团的专业营销人员压缩了40%，销售量大规模提升，成本大幅下降。

2008年，中国重汽集团销售管理人员有590人，支撑了7万辆汽车的销售量，单车销售费用仅为2 000元左右。

目前，中国重汽集团的"亲人"服务已经被纳入"一线通"信息系统，将用户、服务店、备件中心等有机结合起来。

3. 汽车市场营销策划原则

1）超前创新原则。超前创新原则包括超前思维和大胆创新。创新是发展的不竭动力，没有创新，就没有发展。作为策划人员，一定要具备超前思维的能力，一定要有敢于创新的胆识，一定要有勇于打破常规的气魄，勇于、敢于、善于创新营销思路，探索营销方法，大力推广逆向思维、开放性思维和前瞻性思维，做到思考上先人一步、观念上高人一筹、时间上快人一拍。

2）与时俱进原则。与时俱进原则是指准确把握时代特征，始终站在时代前列和实践前沿，始终坚持解放思想、实事求是和开拓进取，在大胆探索中继承和发展。要做到与时俱进，在策划活动中必须反对教条主义、本本主义、主观主义和因循守旧的作风和思想方法。

3）技艺融合原则。策划是技术又是艺术。没有技术性的积累，谈不上艺术性的创造。而有了技术性的充分积累，如果拘泥于成法，不敢越雷池一步，也难以体现策划的时代性和品牌风格。

4）综合集成原则。综合集成是从整体上考虑并解决问题的方法论。综合集成法作为一项技术又称为综合集成技术，它是思维科学的应用技术，既要用到思维科学成果，又会促进思维科学的发展。

综合集成法强调科学理论、经验知识和专家判断的紧密结合。它的主要特点是：定性研究与定量研究有机结合，贯穿全过程；科学理论与经验知识结合，把人们对客观事物的分数知识加以综合集成；应用系统思想把多种学科结合起来进行综合研究；根据复杂巨系统的层次结构，把宏观研究与微观研究统一起来；必须有计算机系统支持，计算机系统不仅应当有管理信息系统、决策支持系统等功能，而且还要有综合集成的功能。

4. 理解策划方法

从策划的层次划分，策划可以分为点子方法、创意方法和谋略方法。

点子方法是指有丰富市场经验的营销策划人员经过深思熟虑，为营销方案的具体实施所想出的主意与方法。

创意方法是指在市场调研的前提下，以市场策略为依据，经过独特的心智训练后，有意识地运用新的方法组合旧的要素的过程。

谋略方法则是指关于某项事物、事情的决策和领导实施方案。

5. 坚持沟通互动

互动不仅反映在策划人员之间，而且反映在企业相关部门、合作单位和市场之间。策划过程是策划人员与一系列相关人员不断沟通、坚持互动，再加上自己创造性劳动的过程。没有互动，资源不能充分发掘；没有互动，智慧不能有效涌流；没有互动，策划的执行会陡增许多障碍。

小资料

做可能思想者

做可能思想者是以逸待劳的重要素养。可能思想者精明客观地对待每一个计划、意见、提议、机会。他们在任何环境中都用积极的眼光来定论。他们是伟大的凡人；信心的建造者；希望的把持者；信念的传播者；热忱的发源者；乐观的展示者。

但是，不能思想者则对任何意见、计划都东张西望，用消极的利眼找错处，总是第一个说："不能"。他们患了一种思想毒瘤："不能心理病"。他们期待困难、预言失败、只见障

碍、夸大费用。他们产生怀疑、制造恐惧、散布悲观、传递疲劳。他们是忧虑的创造者、乐观的破坏者、信心的摧毁者。结果：积极的计划被放弃，美好的理想被消灭，重要的工作被搁置。

"可能思想"是市场营销策划人员最锐利的武器，而"不能思想"是市场营销策划人员的大忌。

第二节　市场营销策划的思考方法

一、市场营销策划的思维基础

1. 发散性思维

发散性思维和收敛性思维在策划中有着重要作用。在创造性思维中，一些新观念、新思想、新方法往往是通过思维的发散获得的。发散性思维可以使人思路活跃、思维敏捷，可以提出多种科学方案和别出心裁的、出乎意料的创见。

2. 收敛性思维

光把思维停留在发散加工阶段，会使人对众多方案举棋不定、犹豫不决，难以抓住问题的实质和关键，达不到创造的目的。因此，在创造中不但要有发散还要有收敛。发散性思维和收敛性是互补的。只有收敛才有发散。问题的最终解决办法的产生往往是收敛的结果。在思维中要收敛必须要有收敛的东西，只有发散了才能为更高层次的收敛提供材料，才能在每次收敛后产生新的成果，才能逐步走向问题的最终解决。

二、市场营销策划与创新

1. 创新的简单定义

创新就是创造性地提出问题和解决问题，创新是赋予资源以新的创造财富能力的行为。创新是以新思维、新发明和新描述为特征的一种概念化过程。创新是人类特有的认识能力和实践能力，是人类主观能动性的高级表现形式，是企业发展的不竭动力。创新包括创新行为、发明行为和创造行为。

管理学、经济学将创新定义为：新产品的开发；新市场的开拓；新生产要素的发现；新生产经营管理方式的引进和新企业组织形式的实施。创新必须有系统地抛弃"昨天"，有系统地寻求创新机会。

2. 创新的基本特征

创新是发展的动力、进步的源泉。关注创新是策划人的基本素养。从不同的研究角度和研究层次可以将创新归纳出不同的特征，但最基本的特征是新颖性、科学性和实效性。

创新的新颖性即独特性。别人没有发现的你发现了，别人没有发明的你发明了，别人不能解决的问题你解决了，这就是新颖性。新颖是创新的首要特征。如果别人已经发现、已经发明、已经解决，你再来研究，虽然做出了成果，但这种成果就不再具有新颖性，就不是创新，而是重复。

创新的科学性是指创新活动必须从实际出发，遵循客观规律，以科学理论为指导，按照科学的原则和方法从事发现、发明和创造。

创新的实效性是指创新活动的成果必须对社会、对人们有价值、有意义。它包括局部价值和全局价值、当前价值和长远价值、经济价值和精神价值、实践价值和理论价值等多个方面。

3. 创新的基本内涵

创新包括原始性创新、集成性创新和引进消化吸收再创新。

原始性创新是指前所未有的重大科学发现、技术发明、原理性主导技术等创新成果。原始性创新是最根本的创新，是最能体现智慧的创新。

集成性创新是指通过对各种现有技术的有效集成，形成有市场竞争力的产品或者新兴产业的重要创新。

引进消化吸收再创新是指在引进国内、外先进技术的基础上，学习、分析、借鉴，进行再创新，形成具有自主知识产权的新技术。

4. 创新的评价标准

创新是在市场的薄弱处寻找机会；在没有第一的地方创造第一，在已经有第一的地方创造唯一，在新知识的萌芽期寻找机会，在市场的需求和知识中寻找机会。创新成果将其产生的社会价值、经济价值作为评判标准。

初级的、普遍的、多样性的创造属于低层次创新。具有地区、行业的新颖性，具有一般社会价值，能带来较好经济效益和社会效益的创新属于中间层次创新。具有历史性价值、世界新颖性，有划时代意义，有时可以改变整个社会理念，改变科学和技术的面貌的创新属于高层次创新。

5. 市场营销价值链创新

汽车市场营销策划的重点在于市场营销价值链创新，不仅体现在硬产品价值链创新上，而且应当体现在软产品价值链创新和管理价值链创新上。市场营销价值链创新如图 2-3 所示。

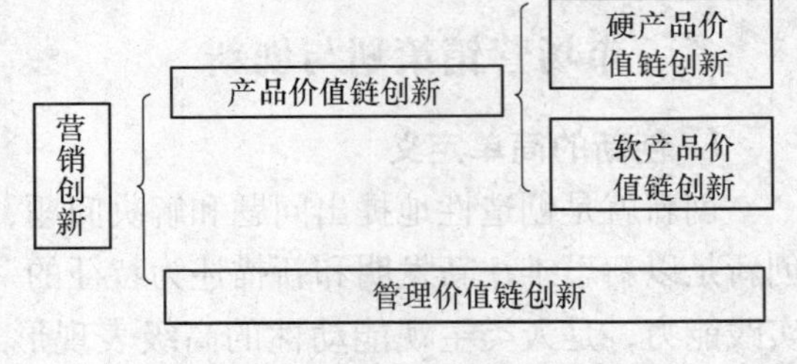

图 2-3 市场营销价值链创新

硬产品价值链创新包括：产品开发中的基本概念创新、应用技术创新和产品开发创新；成果转化中的产品工艺设计创新、产品试制创新、产品定型生产创新和工艺设计创新；规模生产中的原料采购创新、生产制造创新和仓储运输创新；销售过程中的营销分析创新、销售网络创新和销售模式创新；售后服务中的客户服务创新。

软产品价值链创新包括：顾客心理研究、顾客需求分析、服务产品开发、建立服务标准、服务产品定型、整体培训、监督系统设计、整体执行、顾客反馈、应对措施、持续改进等方面的创新。

管理价值链创新包括：战略决策、政策制订、组织架构、人力资源、财务策略、经营方针、营销管理、企业文化、目标展开和系统激励方面的创新。

小案例

一张小芯片年省20亿元

中国重型汽车集团有限公司（以下简称“中国重汽集团”每天装配85种驾驶室，同

时给不同的用户生产不同的卡车，每辆车的零部件必须准时送到指定工位，每安装一个配件都要记录下相关信息，他们之所以能把这一切做得有条不紊，全靠车头上的一块神奇芯片。

这张小小的芯片就是每一辆卡车的电子身份证，每一个工位上扫描的每一块零部件的信息最终都汇集到这里，并随车销售给用户。

现在中国重汽集团在全中国乃至全世界的客户，都能够通过计算机系统来检索这辆汽车处于什么状态。通过网络和全球定位系统，不仅客户知道自己的车况，零部件供应商也能了解到总装线还需要多少配件，这种随时随地的联系，使企业实现了整车销售和零部件采购"零库存"。

就是这种模式为中国重汽集团每年节约流动资金20亿元，与原来相比，成本下降2%左右。

汽车开下生产线后，这张芯片又增加了病例卡的功能，什么时间、什么地点、由哪一个加盟店换过配件等售后信息，都在客户服务人员的密切关注下。

三、营销调研与预测

策划应当建立在营销调研的基础之上。

1. 营销调研与预测的含义

营销调研与预测是企业运用科学方法，有目的地、系统地收集、记录一切与特定市场营销的有关信息，并对所收集到的信息进行整理、分析、预测，从而把握目标市场的变化规律，为市场营销决策提供可靠依据的活动。

2. 营销调研与预测的作用

营销调研与预测对于营销策划具有重要作用，包括：了解哪些市场存在未满足需求，寻找市场机会；把握市场的现实情况与潜在变化；了解目标顾客对产品价值的需求；了解同业竞争者的营销策略；了解市场面临的各种外在变化；提供调整营销战略和进行营销策划的可靠依据。

3. 营销信息的分类

营销信息可以按照不同的方法进行分类：按照时间序列划分可以分为历史信息和现实信息；按照加工程度划分可以分为原始信息和加工信息；按照信息范围划分可以分为国内信息和国际信息；按照信息流向划分可以分为纵向信息和横向信息；按照信息内容划分可以分为市场开发、用户、政治法律、地理、民族、风俗、宗教、观念、价值观、人口、收入、文化、生活习惯、科技发展等信息。

4. 营销信息的收集方法

市场信息的收集方法一般包括以下几种。

（1）调查法　调查法是为达到设想目的，制定一定计划，全面或比较全面地收集研究对象的某一方面情况的各种材料，并作出分析、综合，得到某一结论的研究方法。调查的目的是全面把握当前的状况，揭示存在的问题，弄清前因后果，为进一步的研究或决策提供观点和论据。

营销调研涉及的主要内容包括：

1）了解各汽车厂家同类产品在国内、外全年的销售总量和同行业年生产总量。

2）了解各汽车同类产品供需饱和程度和公司在市场上的竞争能力。

3）了解同行业同类产品在全国各地区市场占有量以及企业产品所占比重，分析本企业在不同区域的实际市场地位。

4）了解各地区用户对产品质量的反映、技术要求和产品配套意见，促进提高质量、开发新品种、满足用户需求。

5）了解同行产品更新和改进方面的进展情况，分析产品发展新动向。

6）预测产品配套、全国各地区及对外贸易的销售量，平衡分配关系。

7）收集国外同行同类产品的更新技术和发展情报，面对企业产品销售趋势，确定对外市场的开放方针和销售力度。

8）调查产品销售和客户需求结构变化的原因，改进产品、服务和营销。

（2）摘录法　摘录法是指按照营销调研目的，有针对性地在各种信息文件中摘录重要内容的方法。采用摘录法开展市场调研，可以通过如下途径进行：

1）订购各种有关方面的公开出版物。

2）通过本企业的系统获取纵向的市场信息，与有关部门进行资料交流，如向银行、税务、财政、工商部门获取信息。

3）通过咨询信息中心获取信息，通过各种信息发布会、展览会、订货会等获取所需信息。

4）通过竞争对手获取信息。

5）从竞争对手的客户和顾客中获取信息等。

（3）采购法　采购法是指通过向各种咨询、统计机构购买，获取行业动向和各类统计资料的方法。

（4）交流法　交流法是指通过与消费者、合作者、竞争者、管理部门交流获取本企业营销调研所需相关信息的方法。

（5）索取法　索取法是指通过各种形式向相关机构索取资料、获取信息的方法。

5. 市场调查的主要方法

市场调查的方法主要有：抽样问卷调查、用户访问、直面征询意见、整理客户函电、组织用户座谈、建立用户档案等。

6. 市场调查的主要内容

市场调查的主要内容包括一般消费市场调查和产品分地区销售状况调查两个方面。

（1）一般消费市场调查　一般消费市场调查主要内容包括：

1）产品市场占有率（包括利润占有率）。

2）客户购买动机或理由调查，客户意见调查。

3）客户对企业评价调查。

4）广告宣传效果调查。

5）客户对产品认知度调查。

6）价格调查。

7）竞争品牌市场情况调查。

8）客户对服务质量和满意度调查等。

（2）产品分地区销售状况调查　产品分地区销售状况调查主要内容包括：

1）用户类型、收入及使用情况调查。

2）对经销商和供应商的调查，主要包括经销与生产条件调查。

3）产品销售与市场占有率调查，销售与生产计划目标调查。

4）质量、规格、用途、服务调查。

5）同行销售动向及销售政策调查。

6）经销商与零售商所掌握的消费动向调查。

7）推销活动效果调查。

8）零售商地域特征调查。

9）经销商经营能力和信用调查等。

7. 市场调研方案的撰写要求

市场调研方案必须写清楚调研目的、调研对象范围、调研项目、资料来源及整理资料的方法。

8. 市场调研注意问题

市场调研需要事先做好充分的准备，包括：

1）制订出指向明确、通俗易懂、易于填写的调查问卷或调查表。

2）确定科学易行的统计分析方法。

3）事先进行小范围的试调研或模拟调查。

4）选定向调查对象发放的礼品。

5）选调具备客观能力的调查人员。

6）组织培训调研人员，确定合理的调查期限。

7）编制调查费用的预算。

9. 市场调查统计分析

市场调查的结果应当进行有效整理和统计。首先要将调查资料依调查目的予以分类统计；同时，要将统计资料与销售实绩资料、利润核算资料、分产品利润核算资料、销售目标与实际对比资料、人口统计资料、地区经济、收入状况统计资料、其他有可比性的资料进行比较分析。

10. 几种市场调研方法

（1）访问调研法　访问调研方法主要包括面谈访问法、邮寄访问法、电话访问法、留置问卷访问法等。

访问调研的形式主要有：有形式、不隐蔽目的的访问；有形式、隐蔽目的的访问；无形式、不隐蔽目的的访问；无形式、隐蔽目的的访问。

（2）观测调研法　观测调研法一般应用在对商品资源的观测，分析供求情况；经营现场的观测，分析营业人员的表现、顾客反应、经营状况；商品库存的观测，分析储存成本、确定库存结构等观察项目。

观测调研法的主要类型包括：

1）实验观测和非实验观测，包括控制状态与不控制状态的观测。

2）结构观测与非结构观测，包括规定目的内容与只规定目的的观测。

3）直接观测与间接观测，包括直接介入与不直接介入的观测。

4）人工观测与仪器观测，包括使用仪器的观测和不使用仪器的人员观测。

5）公开观测与非公开观测，包括公开身份与不公开身份的观测。

（3）问卷调研法　问卷调研法的类型主要有：报刊问卷、邮政问卷、发送问卷。运用这一方法的关键是问卷设计要合理。完美的问卷必须具备两个功能：能将问题传达给被问的人；被问者乐于回答。

问卷一般由反映测试内容的若干条陈述性题目构成，各题按照被测试者的反应范围或程度标以分数或量值，最后在统计得分的基础上分析判断调研结果。

问卷的基本结构是：

1）封面信，说明调研者身份、调研内容、目的意义、要求配合要点。

2）指导语，告知填写方法、要求。

3）问题和答卷，可以是开放性问题与封闭式问题。

4）结束语，感谢、征求对问卷的意见。

11. 问卷调查的典型方法

瑟斯通量表法和利克特量表法是问卷调查的典型方法。

（1）瑟斯通量表法　瑟斯通量表法的特点是以等间隔方式拟订有关事物的题目，使问题按照强弱程度成为一个均衡分布的连续统一系统，并分别赋予量值，然后让被测试者任意选择自己所同意的题目。主测者根据所选题目的量值，来确定其态度的倾向及强弱程度，得分越高表明态度的强度越高。采用瑟斯通法对发展电动汽车态度调查的模拟量表见表2-1。

表2-1　采用瑟斯通法对发展电动汽车态度调查的模拟量表

量表值	题　号	题　　目
7.5	1	发展电动汽车是中国汽车提高国际竞争力的重要方面
2	2	电动汽车的研究应待配套条件成熟后再进行
3.5	3	电动汽车和传统汽车应当共同发展
2	4	电动汽车发展不发展无所谓
0.5	5	电动汽车的发展应当与相关行业的发展联系起来考虑
1	6	中国汽车小排量居多,电动汽车价格高,不适宜大力发展
3	7	电动汽车的发展应当有步骤地分期发展
2.5	8	电动汽车开发应采用联合开发的方法
4	9	对开发和使用电动汽车应当给予政策支持
5	10	最好是发展油电混合汽车

（2）利克特量表法　利克特量表法是美国心理学家利克特在瑟斯通量表法基础上，设计出来的一种更为简单的态度测量表。该表同样使用陈述性语句提出有关态度的题目，它与瑟斯通量表的差别是不将题目按内容强弱程度均匀分解成若干个连续系列，而是仅采用肯定或否定两种陈述方式，然后要求被测者按照同意或不同意的程度作出明确回答。供选择的被调查态度程度在量表中用定性词给出，并分别标出不同的量值。程度的差异一般可作5～7个等级划分。采用利克特法对发展电动汽车态度调查的模拟量表见表2-2。

表 2-2　采用利克特法对发展电动汽车态度调查的模拟量表

题　目	对发展电动汽车态度调查				
等级	非常同意	同意	无所谓	不同意	非常反对
分数	-2	-1	0	1	2
1	发展电动汽车是中国汽车提高国际竞争力的重要方面				
2	电动汽车的研究应待配套条件成熟后再进行				
3	电动汽车和传统汽车应当共同发展				
4	电动汽车发展不发展无所谓				
5	电动汽车的发展应当与相关行业的发展联系起来考虑				
6	中国汽车小排量居多,电动汽车价格高,不适宜大力发展				
7	电动汽车的发展应当有步骤地分期发展				
8	电动汽车开发应采用联合开发的方法				
9	对开发和使用电动汽车应当给予政策支持				
10	最好是发展油电混合汽车				

12. 市场调查报告的撰写

市场调查报告必须写清楚调查的目的与项目、调查方法、调查的对象与范围、调查期间、调查结果分析、决策建议以及其他必要说明的事项。市场调查报告的格式和结构是:

1）扉页。扉页要写清楚组织名称、项目名称、调研承担人、联系方式、报告完成日期、报告接受人或组织。

2）递交信。递交信要写清楚调研的大致过程、调研组织部门指示。

3）目录。目录要写清楚报告各部分组成及页码；图表目录，包括各种表格图表及页码；附录目录，包括附件及页码；证据目录，包括证据材料与页码。

3）经理览要。经理览要是为管理者写的报告简要。

4）问题界定。问题界定要写清楚调研要解决的问题和背景材料。

5）解决问题的方法。解决问题的方法主要是写清楚调研采用的方法。

6）调研设计。调研设计要写清楚设计类型、所需信息、资料收集、测量技术、抽样技术、现场工作等。

7）资料分析。资料分析要写清楚分析计划、策略与技术。

8）调研结果。调研结果要写清楚根据问题调研的性质、目标和获得的结果，并进行逻辑叙述。

9）局限性与警告。局限性与警告要阐明本次调研由于客观原因导致的局限性。

10）结论和建议。结论和建议部分要写清楚整个调研得出的简要结论和调研人员对相关事项的建议。

11）附件。最后需要在调研报告后面附上与调研有关的参考资料和在调研过程中形成的相关附件，以证实调研活动的严肃性和可靠性。

小资料

市场调研的过程如图 2-4 所示。

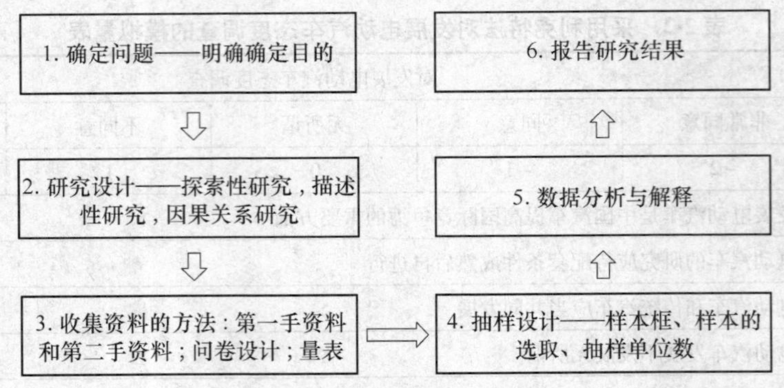

图 2-4 市场调研的过程

13. 市场预测概述

市场预测就是运用科学方法，对影响市场供求变化诸因素进行调查研究，分析和预见其发展趋势，掌握市场供求变化规律，为经营决策提供可靠依据。

（1）市场预测原则　相关原则、惯性原则、关联原则和概率推断原则是市场预测的基本原则。

相关原则揭示事物的相关性，正相关是事物之间的促进，负相关则是指事物之间相互制约。

惯性原则认为任何事物发展具有一定惯性，即在一定时间、一定条件下保持原来的趋势和状态，这是大多数传统预测方法的理论基础。

关联原则关注事物之间的关联性，旨在通过由小见大，由表及里，由此及彼，由过去、现在推以后，由远及近，自下而上，自上而下的分析发现市场趋势。

概率推断原则则通过抽样设计和调查等科学方法来确定某种情况发生的可能性。

（2）市场预测要素　市场预测的基本要素是信息、方法、分析和判断。其中，信息是指预测的主要工作对象、工作基础和成果反映；方法是指预测过程中进行质和量分析时所采用的各种手段；分析是指根据有关理论所进行的思维研究活动；判断是指预测技术中重要的因素。

（3）市场预测内容　市场预测的内容十分广泛、丰富，主要包括预测市场容量及变化；预测市场价格的变化；预测生产发展及其变化趋势。

（4）市场预测步骤　市场预测应该遵循一定的程序和步骤，以使工作有序、有效地进行。市场预测的过程大致分为确定预测目标、收集预测资料、选择预测方法、预测分析和修正及编写预测报告 5 个步骤。市场预测步骤图如图 2-5 所示。

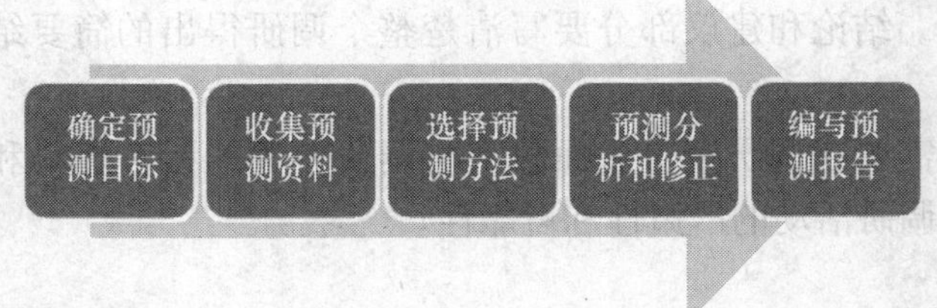

图 2-5 市场预测步骤图

14. 市场预测方法

（1）时间序列预测法　在市场预测中，经常遇到一系列依时间变化的经济指标值，如企业某产品按年（季）的销售量、消费者历年收入、购买力增长统计值等，这些按时间先后排列起来的一组数据称为时间序列。依时间序列进行预测的方法称为时间序列预测法。

（2）回归预测法　回归是指用于分析、研究一个变量（因变量）与一个或几个其他变量（自变量）之间的依存关系，其目的在于根据一组已知的自变量数据值，来估计或预测因变量的总体均值。

（3）定性预测法　定性预测法也称直观判断法，是市场预测中经常使用的方法。定性预测法主要依靠预测人员所掌握的信息、经验和综合判断能力，预测市场未来的状况和发展趋势。这类预测方法简单易行，特别适用于那些难以获取全面的资料进行统计分析的问题。

（4）定量预测法　定量预测法是以过去积累的统计资料为基础，利用比较完备的历史资料，运用数学模型和计量方法预测未来的市场需求。

四、市场营销策划的方法

1. 头脑风暴法

头脑风暴法是指采用会议的形式，如邀请专家开座谈会征询他们的意见，把专家对过去历史资料的解释以及对未来的分析，有条理地组织起来，最终由策划者做出统一的结论，在这个基础上找出各种问题的症结所在，提出针对具体项目的策划创意。专家会议进行时，策划人员要充分地说明策划的主题，提供必要的相关信息，创造一个自由的空间，让各位专家充分表达自己的想法。专家人数不应过多，一般 5 ~ 12 人比较合适。会议的时间应当适中，若时间过长，容易偏离策划案的主题；若时间太短，策划者很难获取充分的信息。

2. 德尔菲法

德尔菲法是指采用函询的方式或电话、网络的方式，反复地咨询专家们的建议，然后由策划人员作出统计，如果结果不趋向一致，则再征询专家，直至得出比较统一的方案。这种策划方法的优点是：专家们互不见面，不能产生权威压力，因此，可以自由、充分地发表自己的意见，从而得出比较客观的策划案。

3. 创意法

创意法是指策划人员收集有关产品、市场、消费群体的信息，进而对材料进行综合分析与思考，然后打开想象的大门，形成意境，然后在策划人员不经意时，创意突然从头脑中跳跃出来。创意法是经过一个长时间的准备、积累，自然而然地流露，它需要策划人员具备一定的策划功底，具有渊博的专业知识。策划人员要像蜜蜂采蜜一样，从各种鲜花中一点一滴地采集最有效的成分。这种集中概括的心理过程，正是策划所要经历的过程。

4. 灰色系统法

系统是指相互依赖的两个或两个以上要素所构成的具有特定功能的有机整体。系统可以根据其信息的清晰程度，分为白色系统、黑色系统和灰色系统。白色系统是指信息完全清晰可见的系统；黑色系统是指信息全部未知的系统；灰色系统是介于白色和灰色系统之间的系统，即有一部分信息已知而另一部分信息未知的系统。营销策划过程中，大量存在的是灰色系统。灰色系统法是指利用一些已知的行为结果，来推断行为的原因或未来模糊的不确定性的行为。

5. 智能放大法

智能放大法是指对事物有全面而科学的认识，然后在这种认识的基础上对事物的发展作夸张的设想，运用这种设想对具体项目进行策划。由于这种方法受到一定的时间、地点以及人文条件的制约，具体操作要靠策划人员自己来准确地把握。运用这种策划方法不能一味往大处想，而要在现有的客观条件下，充分考虑公众的心理承受力。太过于夸张，容易导致策划向反面发展，从而彻底改变策划的初衷，这是使用智能放大法的主要风险。

6. 点子法

"点子"就是出主意、想方法。点子是智慧的内核，点子是创新的希望。从现代营销角度来看，点子是拥有丰富市场经验的市场营销策划人员经过深思熟虑，为营销方案的具体实施所想出来的主意和方法。点子法强调发挥企业内部人员或外脑的聪明才智、集思广益，用点子充实策划活动。

五、市场营销策划的创意方法

1. 归纳法

归纳法是指将一系列具体的内容按其不同的特点和规律分门别类地归纳在一起的方法。它是一种从特殊性到一般性的逻辑论证方法，在营销策划中经常用到。例如：汽车与体育不是同类事物，但速度可以成为它们之间的共有特征，于是就可以产生体育营销的创意。

2. 重组法

重组也是发明创造的一种技巧。任何事物是由若干要素构成的整体，各组成要素之间的有序结合，是确保事物整体功能或性能实现的结构保证。然而，如果有目的地改变事物结构要素的次序并进行重新组合，有可能引起事物功能或性能的变化，创意的产生正需要这种变化。例如，试乘试驾是一个完整的事物，这与婚纱摄影好像没有关系。但是如果将试乘试驾和婚纱摄影重组，就可能产生另外一种营销创意，使试乘试驾活动更加充满活力。

3. 分析法

作出正确的决定是成功策划的重要特质，通过审慎的分析对策划活动进行评估是策划过程必不可少的一项工作。基于现有的事实和资料、有趣的直觉、事物负面的影响和积极方面，在充分了解了自己思考的优劣之后，呈现的一个崭新的角度，以及思维的任意驰骋，都可能带给我们一种新的想法，创意也许就在其中。例如，你要做半版广告，又要搞一次促销活动，而且还要给现场公众发放一些奖品，但只有做1/4 版面广告的费用，这事能够做成吗？其实，只要善于分析，充分评估活动内容的相关要素，调换一个角度，就可以做到。例如，把原本准备自己举办的试乘试驾活动，改成参加媒体组织的试乘试驾活动，为媒体组织的活动提供奖品，同时要求其在媒体上说明活动奖品的赞助单位，以上目的就可以轻松达成。

4. 扩展法

扩展法是对既有条件通过发散性思维进行扩展思考的创意方法。它包括事物种类、事物形式、应用原理、反应条件以及信息呈现条件等多方面的扩展。汽车行业每年都会遇到一些关键事件，利用这些关键事件，可以进行多方面的思维扩展，从而丰富营销策划的创意，例如，现在国家在汽车消费政策上推出了鼓励小排量汽车、推行更高级别的排放标准、政府采购自主品牌汽车、节能环保型汽车等新政策，如果能够由此扩展开来，结合自己的产品与服

务策划营销活动，就一定能产生许多新的创意。

5. 借鉴法

借鉴法是结合自己的实际，学习、借用别人的经验，经过优化组合，产生策划创意的方法。这是优秀策划人员惯用的手法。目前，汽车行业竞争越演越烈，营销竞争已成为各个企业的重要手段，只要细心观察，富有创意的营销策划案例比比皆是。如果能将别人的长处拿来，加入自己的创意，或加以重新组合，一定会有许多新的大创意可以创造出来。

6. 感悟法

感悟是指人们对特定事物或经历所产生的感想与体悟。真正的感悟来源于人们的亲身经历与感受，有的是渐渐的领悟，有的则是瞬间的开悟。正是不断的感悟使人们对人生、对事物以及对世界的看法发生改变。感悟的前提是用心聆听、用心思考、用心积累、用心感悟，这是市场营销策划人员的优秀品质。

创意有时可以突发奇想，也可以通过脑力激荡产生，但是如果对变化的环境漠不关心，对别人的东西视而不见，感悟就没有基础，创意也会日益枯竭。不能做到“脑中尽有”，策划就没有宽度；不能做到“深入其中”，策划就不可能有深度。感悟就是“脑中尽有”与“深入其中”相结合的产物。

第三节　市场营销策划书的撰写

一、市场营销策划的步骤

市场营销策划应当建立在客观的市场分析、市场调查以及自身诊断的基础之上。一般认为，汽车市场营销策划应当包括以下步骤：

1. 情景分析

情景分析是指明确企业所处环境的各种宏观环境，对企业的优势、劣势、机会和威胁进行深入分析。

2. 确定目标

确定目标是指对机会进行排序，然后定义目标市场、设立目标和完成时间表。

3. 对接战略

对接战略将目标与企业战略对接，选择最有效的行动方式来完成目标。

4. 战术思考

战术思考是指将目标分解，充分展开成细节，明确4P组合的执行和各部门人员的任务和执行时间表。

5. 确定预算

预算是企业为达到策划目标，组织营销活动必须支付的成本，优秀的策划同时强调经济性，以此分解成本压力，扩大营销成果。

6. 行动控制

营销策划的执行必须由措施和时间保证。及时发现和纠正执行中的问题，对达成营销目标具有重要意义。为了保证营销策划达成预期目标，对执行人应当进行确有成效的培训，并对执行结果进行及时的评估。

二、策划书的编制要点

1. 目的思考

目的思考是指对本营销策划所要达到的目标和执行意义进行明确表述，以统一全员思想，协调行动，保证策划和执行高质量地完成。

2. 环境分析

营销策划的前提是对当地同业市场状况、竞争状况及宏观环境的清醒认识。这部分需要分析的内容主要是：当前市场状况及市场前景分析，包括现实市场及潜在市场状况；市场成长状况，需求变化对未来市场的影响等；目前市场生命周期的特征，企业营销侧重点，以及相应营销策略的效果；本企业产品的消费者接受性以及市场发展前景，包括市场风险、市场判断、市场成长性分析等。

3. 市场影响因素分析

市场影响因素分析主要是对影响市场的不可控因素进行分析，如宏观环境、政治环境、经济发展状况、消费者收入、消费结构、消费心理等。

4. 机会分析

营销策划方案是对市场机会的把握和策略的运用，分析市场机会是汽车营销策划的关键。找准市场机会，策划才能成功。市场机会分析包括市场机会与风险的分析，以及企业优势与劣势分析。策划人员应从优势中找问题，从劣势中找机会，发掘市场潜力，把握和利用好市场机会。

5. 营销目标

目标是对目的的具体化。营销策划书必须有明确的营销目标。就4S店来讲，这些目标不仅包括销售量、营业额、市场占有率、利润率、入厂台次、配件销售量，而且包括劳动生产率、资本利润率，以及客户关系管理的目标等。

6. 营销战略

营销战略包括营销宗旨、营销策略、市场定位、渠道拓展等。

7. 广告宣传

广告宣传包括广告宣传的原则、媒体选择、实施步骤等。

8. 行动方案

行动方案是指根据策划期内各时间段特点，推出各项具体行动方案。行动方案要细致、周密，操作性强又不乏灵活性。还要考虑费用支出，一切量力而行。

9. 费用预算

费用预算包括营销过程中的总费用、阶段费用、项目费用等，其原则是以较少投入获得最优效果，包括如何通过各种协同关系分解费用负担，以及预测效益等。

10. 方案调整

方案调整是策划方案的补充部分。因为在方案执行中，市场情况以及事先预计的各种情况都可能出现各种变化，必须做好方案调整的预案。

三、策划书的内容构成

一份完整的策划书由封面、前言、目录、策划流程、策划概要、正文、工作顺序与条件、结束语等各部分组成。

1. 封面

封面包括策划课题提出对象、提出者、提出年月日等，并必须将策划题目明确化。

2. 前言

前言包括策划的清晰目标及策划使用的基本方法。

3. 目录

目录是指策划书各部分的题目。

4. 策划流程

策划流程包括策划的背景、策划的目的、现状的分析。

5. 策划概要

策划概要包括策划的目标、策划的内容、创意、策划的细节。

6. 正文

正文包括：营销策划的目的；市场状况分析、宏观环境分析、产品分析、竞争者分析、消费者分析 ；市场机会与问题分析；确定具体行销方案，产品定位和4P安排。

7. 工作顺序与条件

工作顺序与条件包括：计划日程表、预算、收支、人员分配及场地安排、物料准备、相关活动等。

8. 结束语

结束语是策划案的简要小结，同时提出执行本案提请注意的问题。

9. 附录

附录是指资料附件，将策划案中所涉及的主要资料及参考资料、数据来源作为附件。

本章小结

市场营销策划是市场竞争的重要武器，市场营销策划的基本能力在于能够发现更多的企业内、外资源为企业所用。没有严谨的市场调研，没有资源的优化连动和创新，市场营销策划可能成为单纯技巧的堆积，而难以与市场的客观需求以及企业的根本目标达成一致。进行市场营销策划，必须掌握市场调研、市场策划、创意方法，以及营销策划书撰写等基本技能。

作业与训练

一、复习思考题

1. 市场营销策划与企业竞争力之间有什么关系？
2. 资源的联动优化在策划中有什么作用？
3. 简述策划的一般原则。
4. 创新在市场营销策划中的作用是什么？
5. 市场调查的主要方式、内容是什么？
6. 市场营销策划的基本方法有哪些？
7. 市场营销策划的创意方法主要有哪些？
8. 一份完整的营销策划书应该包括哪些内容？

二、判断题

1. 企业竞争力的第一层面是形象层，品牌形象是企业组织文化的外在表现，可以展示、宣传、包装，有张扬性，看得见，摸得着。因而这是企业的核心竞争力。(　　)

2. 头脑风暴法是指采用会议的形式，如邀请专家开座谈会征询他们的意见，把专家对过去历史资料的解释以及对未来的分析，有条理地组织起来，最终由策划者做出统一的结论，在这个基础上，找出各种问题的症结所在，提出针对具体项目的策划创意。因而专家的人数越多越好。(　　)

三、实训项目：品牌策划案改写

1. 对应知识

策划的概念；基于联动优化的营销策划；营销策划案的基本构成。

2. 实训要求

模仿案例，按照自己的思考，给予新的创意，重新写一篇与案例相同题目的策划案。

3. 实训目的

通过品牌策划案的模拟撰写，使学生能够模仿品牌策划案例，撰写品牌策划案；同时提高学生运用计算机搜索汽车品牌历史资料，并分析其品牌文化的能力。

4. 执行提示

1）告知学生《品牌策划案写作》实训要求。

2）安排学生寻找或教师提供一篇公开发表的品牌策划案。

3）分析几种具有代表性的汽车品牌策划思路。

4）事先印制好《品牌策划案实训报告》。

5）模仿案例，按照自己的思考，给予新的创意，重新写一篇相同题目的策划案。

6）将学生撰写的品牌策划案在学生生活园地公布，通过学生投票，选出优胜者。

7）组织优秀策划案交流。

8）教师小结，并给学生以鼓励性评价。

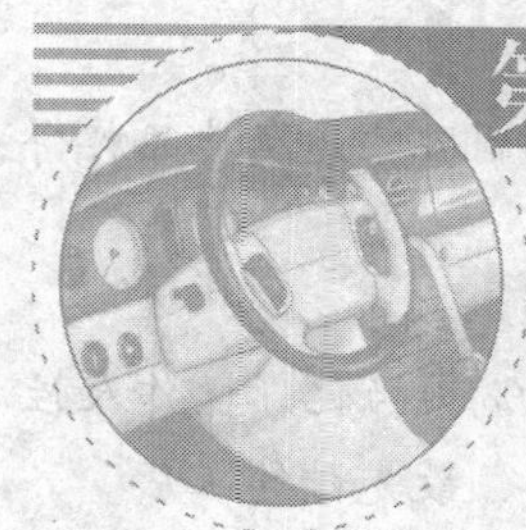

第三章 汽车产品策划

【学习目标】

1）理解产品的整体概念

2）了解产品定位的一般方法

3）熟悉产品生命周期各阶段的特点和营销策略

4）了解产品组合相关概念和汽车产品组合的类型

5）了解新产品的概念、分类和开发策略

6）掌握新产品推广策略

7）了解品牌的概念和功能

8）理解品牌化决策

9）了解品牌形象与企业形象的联系与区别

10）掌握品牌形象的构成内容和有形要素

11）熟悉和掌握品牌创新和传播创意策略

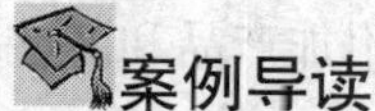

案例导读

奥迪在中国的畅销基因

金融危机以来，雄霸全球汽车市场的大鳄们纷纷受挫，深陷业绩泥淖。但经过20年植根中国市场的精耕细作的一汽-大众奥迪品牌犹如世界汽车市场中闪亮的“渔火”令人振奋，奥迪凭借其在品牌、产品、服务等领域的综合竞争优势始终领跑国内高档汽车市场的事实充满了神秘。

1. 奥迪的本土化情结

奥迪在中国更突出的是德国产品的内敛和稳重，如此的奥迪形象也恰到好处地融入了中国的传统文化。一汽-大众之所以成为国内唯一成熟的高档车制造基地，共同的品质文化是其关键的一条。

2. 品牌定位准确与产品聚焦

脱离了定位准确的战略，所有的努力往往是事倍功半。奥迪中国的发展无疑验证了定位与聚焦的硬道理。“德国品质”是世界制造业至高标准的代名词，而“奥迪标准”早已成为高档汽车制造工艺和选材的业界标准。

3. 品牌纯净

不盲目收购，专注产品升级和价值提升，跟随并创造市场需求。

4. 卖产品更卖品牌

奥迪会卖产品更会卖品牌、卖文化，将产品品质做到极致，以文化制胜才是奥迪品牌得以成功的另一主要原因。

5. 全数字化背后的以科技为本

奥迪长春“全数字化”工厂实现了设计和管理全数字化、生产100%柔性化、操作人性化、物流超高效化和节能环保高标准化，堪称奥迪公司在全球最理想的、最先进的工厂。

6. 更为可靠的数字化质保

奥迪公司在新总装车间设置多个质量控制节点，通过采集和分析车辆的质量情况，防止生产缺陷由一个阶段流入下一个阶段，充分保证了产品质量，维护了用户的利益。

案例学习目的：

学习上述案例的目的在于理解产品的整体概念，了解产品的推广策略，加强品牌意识，从而自觉提升服务意识、品牌意识，掌握产品和品牌推广策略，自觉加强个人素质的修炼，提高汽车产品策划的能力。

第一节　产品策划概述

一、产品整体概念

一般认为，产品就是指具有某种特定物质形状和用途的物品，是看得见、摸得着的东西，这是狭义的概念。市场营销学从广义的角度理解产品，认为产品是指人们通过购买而获得的能够满足某种需求和欲望的物品的总和，它既包括具有物质形态的产品实体，又包括非物质形态的利益。产品就其结构来讲包括核心产品、有形产品、期望产品、附加产品和潜在产品五个层次，如图3-1所示。

1. 核心产品

核心产品也称实质产品，是指向消费者提供的基本效用或利益，是顾客真正要买的东西，因而在产品概念中是最基本、最主要的部分。汽车消费者购买某种品牌汽车产品并不在于为了占有或获得汽车产品本身，而是为了满足产品可以带来的基本效用或利益，即汽车可以满足消费者的交通运输需要以及精神需要，这是汽车产品的核心内容。营销人员的任务就是把消费者所需要的核心利益和服务（即消费者所需要的效用）提供给消费者。

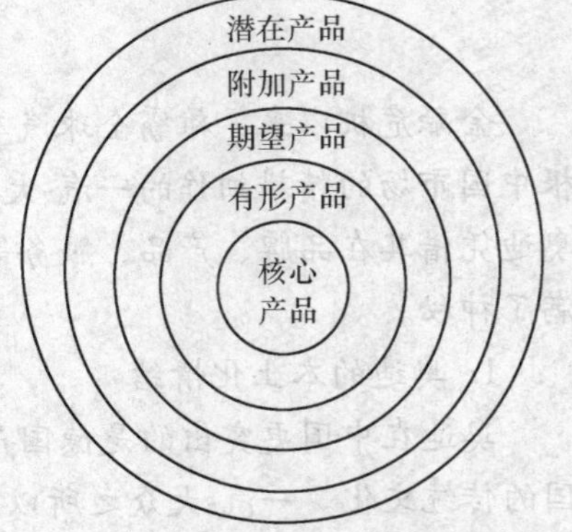

图3-1　产品整体构成图

2. 有形产品

有形产品又称基础产品层，是核心产品借以实现的形式，即向市场提供的实体和服务的形象，通常表现为产品的品种、质量、外观、式样、品牌、风格、装潢、商标和包装等。

3. 期望产品

期望产品是指消费者在购买产品时期望能得到的东西。例如，汽车消费者期望得到舒适的车厢、导航设施、安全保障设备等。

4. 附加产品

附加产品又称延伸产品，是指消费者购买形式产品和期望产品时所能得到的附加服务和利益。例如，汽车产品的附加产品即储运、装饰、维修、保养等。

5. 潜在产品

潜在产品是指包括现有产品的所有延伸和演进部分在内，最终可能发展成为未来产品的潜在状态的产品，包括潜在的、所能发掘或提供臆想之外的额外服务或利益的东西。汽车潜在产品反映现有汽车产品的可能发展前景。例如，普通汽车可以发展为水陆两用汽车、自动驾驶汽车等。汽车延伸产品主要是今天的汽车产品，而汽车潜在产品则代表着今天的汽车产品可能的演变。

二、准确把握产品的整体概念

现代市场营销关于产品整体概念的五个层次中，核心产品是根本。企业必须在核心产品上下工夫，不断开发创新适合消费者需要的新品种，并提高产品质量，以更好地满足消费者的需要。

有形产品是顾客购买商品时首先获得的印象，对激发顾客购买欲望具有促进作用。

附加产品是伴随顾客购买商品而出现的进一步要求，可以说是顾客的后顾之忧，企业能在顾客购买商品时同时提供这些服务，顾客就会放心地购买、安心地使用企业的产品，对其他顾客也能起到一种示范和广告作用。

期望产品则为企业不断改进产品、开发新产品提供了方向。

三、产品整体概念

1. 产品整体概念的特征

产品整体概念是对市场经济条件下产品概念的完整、系统、科学的表述。产品整体概念指明了产品是有形特征和无形特征构成的综合体；适应了市场消费需求水平提高，市场竞争焦点不断转移的态势，有益于产品整体概念的外延，使市场竞争在一个新领域顺利开展；清晰地体现了一切以市场要求为中心的现代营销观念；指明了产品的差异性和特色是市场竞争的重要内容　把握产品的核心产品内容可以衍生出一系列有形产品。

2. 产品整体概念的意义

产品整本概念是市场经营思想的重大发展，对全面考察企业经营有着重大意义。产品整体概念以消费者基本利益为核心，指导整个市场营销管理活动，是企业贯彻现代市场营销观念的基础。产品整体概念把对消费者提供的各种服务看作是产品实体的统一体，以消费者容易觉察的形式来体现消费者购物时所关心的更多因素，让消费者获得好的产品形象，进而为企业确立有利的市场地位。产品整体概念有益于企业在产品的五个层次上，全面提升企业的竞争能力，有利于区别竞争产品，凸现产品差异性特征和企业特点，打造企业的品牌特色。

四、产品概念的扩展思考

产品包括核心产品、期望产品、有形产品、附加产品和潜在产品五个层次。把产品的概念再扩展开来思考，可以发现产品的内涵实际上要比想象的更加丰富。消费者在购买汽车产品时，是把产品的价值、完整的服务、营销人员的价值以及营销企业的质量融合在一起加以思考的。

在营销实践中，客户对于产品的评价，不仅表现在对产品本身，而且将产品与服务、人员、渠道、形象等诸多因素都连接起来，进行更为广泛的整体思考。

消费者对产品的实际理解见表3-1。

表3-1 消费者对产品的实际理解

优秀的产品质量	完整的产品服务	可信的人员价值	便捷的销售渠道	可靠的品牌形象
特色 性能 一致性 耐用性 可靠性 可维修性 风格	环境服务 购买服务 委托服务 产品服务 售后服务 咨询服务 附加服务 朋友服务 品牌服务	品格 专业知识 能力 态度 给客户留下的印象	专业化水平 工作效能 沟通方便 维修点的信誉 联络的便捷性	价值观 战略 作风 体制 结构 人员 技巧 文化 管理 营销 财务

1. 优秀的产品质量

优秀的产品质量包括特色、性能、一致性、耐用性、可靠性、可维修性、风格等。

2. 完整的产品服务

一般认为，汽车服务就是售后服务。事实上，客户对于产品服务的理解要比营销人员的传统思考更加丰富。完整的产品服务包括：提供环境服务，以向客户传达愉快感觉；提供顾问服务，以帮助客户选择；提供购买服务，以便利客户购买；提供委托服务，以减轻客户负担；提供产品服务，以保证产品质量；提供售后服务，以担负长期责任；提供咨询服务，以传递知识信息；提供附加服务，以扩大服务内涵；提供朋友服务，以建立牢固关系；提供品牌服务，以打造标准形象。

3. 可信的人员价值

人员价值也是产品的组成部分，包括业务人员的品格、专业知识、能力、态度和给客户留下的印象。

4. 便捷的销售渠道

消费者购买汽车产品，不仅考虑产品与服务，而且对渠道十分关注。他们对渠道的考察主要是渠道的专业化水平、工作效能、沟通方便性，以及维修点的信誉和联络的便捷性。

5. 可靠的品牌形象

品牌是企业在长期运作过程中在消费者心目中沉淀下来的良好感觉。客户在选购汽车产品的时候往往把企业的价值观、战略、作风、体制、结构、人员、技巧、文化、管理、营销、财务等品牌要素作为产品价值的一部分加以考虑。

五、产品定位的方法

1. 产品定位

产品定位以市场定位为基础，受市场定位指导，但比市场定位更加切中要害、深入人

心。产品定位是产品在潜在客户心目中占有的位置，可以从产品特征、包装、服务等多方面进行研究。企业在产品定位的过程中，必须谙熟竞争对手的情况，在得知消费者消费习惯的变化时，必要时需对产品进行重新定位。产品定位是为产品营造一定特色、赋予一定形象，以适应消费者的需要和偏好，在目标客户的心目中留下深刻印象。对一个具体产品进行定位，必须考虑市场需求、战略选择、产品策略、产品特质、创意价值、产品组合、生命周期、品牌策略、渠道策略、定价策略、营销策略、服务策略、市场选择、经销商选择、上市策略、趋势预测等诸多要素。

2. 产品定位的方法

（1）特色定位法　特色定位法也称差异定位法，是使所销售的产品和服务与竞争者产生差异性，使产品与服务成为消费者“想要的东西”。

产品特色定位始于差异性，而且必须使之对目标市场具有意义。有效的产品定位首先必须真正把企业的营销贡献差异化，使其为消费者提供的价值能比竞争者更大。企业选择产品差异化要做到对消费者最重要、最喜爱、最有用，并且容易识别，从而使消费者对其更加信任。

企业可以从各种不同的角度实行产品差异化，包括有形产品差异化、服务差异化、品牌差异化、贡献差异化等。例如：

宝马汽车的定位是“驾驶的乐趣，生活艺术，唯你独尊”，以此吸引消费者开宝马汽车；奔驰汽车的定位是“领导时代，驾驭未来”，以此吸引消费者购买奔驰汽车；奥迪汽车的定位是“突破科技，启迪未来”，强调它的科技含量，以此让消费者钟情；沃尔沃汽车的定位是“关爱生命，享受生活”强调它的安全性，以此让消费者放心；索纳塔汽车的定位则是“中国新动力，衡量价值新典范”，突出它的性价比，让消费者感觉实实在在。

任何产品不可能十全十美。如果产品不能凸显整体优势，可以用成分优势的方法来凸显部分，以此彰显产品与竞争对手的差异性。许多优质品牌的汽车有时并不全面阐述自己的优势，往往利用某一成分强烈地反映差异和特色，效果依然十分显著。

产品特色定位非常容易被模仿，但这些特征如果确实是产品本来就有的特征，就不容易被模仿。为此，产品特色定位不能虚构差异或者炒作差异，必须是产品、服务确实具备的真正特色。

（2）利益定位法　利益定位法也称主要属性利益定位法。利益定位的前提是深刻了解消费者的真实需求。产品所提供的利益，只有目标市场认为很重要才能起到作用。企业不能发现消费者认为非常重要的利益点，便无法进行正确定位。

在消费者心目中，汽车的特征莫过于品质优秀、选择性大、价格合理、服务到位、维修方便等。因此，企业在为产品与服务定位时，必须牢记这些特征。在进行产品定位时，需要特别注意的是企业必须充分强调汽车的品质和价值，避免过分强调产品的价格。

例如，一汽丰田倡导的“四高”、“两低”能在市场上得到广大消费者的认可，关键是强调了汽车的价值，利益定位十分明确。所谓“四高”是指高性价比、高安全性、高二手车残值、高品质服务，打造物超所值；所谓“二低”是指低故障率、低使用成本，实现省钱省心。

（3）用途定位法　不同的消费者购买汽车的理由各不相同，购车后的用途也大不一样，找出产品的真正使用者和购买者，会使用途定位在目标市场上显得更加突出。用途定位法也称使用者定位法，可以从消费者何时使用及怎样使用产品的角度对产品进行定位。

例如，在广大的农村市场，低速汽车能够在相当长的时间内，依靠价格优势占据着主流消费地位。但随着农民收入水平的不断提高，轻型货车和微型客车很快就成为低速汽车的重要替代产品。近几年，福田汽车、沈阳金杯、江淮汽车等企业正是采用了这种用途定位策略，在轻型货车和低速汽车这一商用车领域获得了良好的销售业绩。

（4）竞争定位法　竞争定位法是指企业直接针对竞争者的潜在弱点，而不是针对某一产品类别，为自己寻求更有利的定位的产品定位方法，这是一种挑战特定竞争者的产品定位法。企业采用竞争定位法，虽然可以在短期内获得成功，但就长期而言，必须具有充足的条件。挑战强有力的竞争对手，企业必须考虑管理者的态度、公司的资源、可能投入的资金，以及自己可以提供使用者认为具有明显差异性产品的能力。一家竞争力处在下游的公司很难正面挑战竞争力强大的公司。

例如，有的企业在条件不充分的情况下推出“中国第一跑”，结果业绩与期望大相径庭。

（5）类别定位法　类别定位法是一种非常普遍的产品定位方法。当自己的产品在市场上属于新产品时，这种方法特别有效，包括在开发新市场或为既有产品进行市场深耕的时候效果都非常理想。两厢车与三厢车的竞争，SUV、MPV 在市场中异军突起，都是这种产品定位方法获得成功的典型例子。

（6）关系定位法　当产品没有明显差异，或竞争者的定位与企业产品有关时，关系定位方法非常有效。利用形象及感性广告手法，可以成功地为这种产品定位。关系定位的核心是将交易与责任挂钩，以此建立与消费者的牢固关系。

例如：2004 年，上海大众推出“特选二手车”，上海通用推出“诚新”二手车，一汽大众推出“认证二手车”。2005 年，一汽丰田推出了“安心二手车”。2006 年，东风悦达起亚推出“至诚二手车”，2007 年，东风标致推出了“诚狮二手车”，广州本田推出“喜悦二手车”等，都将建立牢固的客户关系放到重要位置上加以定位，大大推动了这些品牌汽车的销售，增进了这些品牌与消费者的关系。

（7）问题定位法　采用问题定位法，尤其需要关注目标市场、关注客户的特殊需要，从而针对某一特定问题加以定位。采用这种定位方法时，产品的差异性显得并不重要。

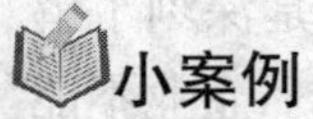小案例

路虎的长城体验中心

路虎汽车针对目标市场中客户的特殊需求建立了路虎长城体验中心，帮助车主充分开发自己爱车的潜力。体验中心提供的特色服务包括：24 小时全地形救援；售后预约服务；尽兴体验体验中心各级别项目。路虎的展车不甘心被规规矩矩地摆在地面上陈列，而是用一个倾斜的半圆坡将所有车型以最漂亮的姿态呈现出来。但是在路虎长城体验中心进行试乘体验、接受培训需要收费，最高达到每个客户 300 元。这在整个汽车市场是不多见的。

（8）文化定位法　汽车已经成为人类精彩生活的一部分，具有不同文化、历史背景的各类汽车实际上都有自己的产品文化。

这些文化经过沉淀，就会形成自己的血统及历史，当然就会成为经典产品。汽车产品文

化定位的核心是深刻的文化内涵，丰富的品牌联想，可以体验的品牌故事，特殊的品牌价值，以及随潮流而动的历史性角色。虽然我国到目前为止还不是一个汽车品牌的大国，但随着我国汽车厂商对品牌文化的日趋重视，以及中国汽车在世界范围内的影响越来越大，中国汽车自主品牌一定能够走向世界，并被更多的消费者所认可。

3. 产品定位案例

汽车厂家每推出一款新品，总会对产品进行创造性定位，力图最大化地显示产品的个性，赋予产品独特的身份或代号，以赢得产品的细分市场。

(1) 奇瑞首创 B00 级车　按照汽车分级标准，汽车一般可以分为 A 级（包括 A0 和 A00)、B 级、C 级、D 级车，“奇瑞 A3”用 B 级车标准与 A 级车争锋的战略车型，脚踏 A、B 级车“两只船”，将产品定位为既有 B 级车的宽体、技术含量和舒适性，又有 A 级车的节油、经济和灵活性的 B00 级车。

(2) “睿翼”定名“二代马 6”　一汽马自达借“二代马 6”定名“睿翼”之机，抛出“新手”、“老手”全新市场划分模式，提出“驾驶零难度，停车零难度”，使其成为新车主的心中偶像，优异的操控性和安全性也使其成为老车主的“梦中情人”。

(3) 荣威 550 开启数字化轿车新时代　荣威 550 的最大卖点就是开启了数字化轿车时代，被誉为代表了本土品牌 A 级轿车的最高水平，凭借“可扩展 RMI 数字多媒体交互系统”、“Dual-Bus 数字智能行车管家系统”、“Syn-Tech 数字个性升级模块”、“Silver Stone 一体化数字仪表显示”等数字化配置，迎合了现代消费者的娱乐需求。

(4) 八代雅阁定位为“B + +”级　八代雅阁一上市就将自己定位为“B + +”级轿车，它以 4 945mm 的超长车身、2 800mm 的轴距造就了超越同级车的豪华舒适空间，这一卖点成为雅阁与竞争对手抗衡的砝码。

第二节　汽车产品生命周期与营销策划

一、产品生命周期

产品生命周期是指产品的市场寿命，即一种新产品从开始进入市场到被市场淘汰的整个过程，分为导入期、成长期、成熟期和衰退期四个阶段。汽车产品生命周期曲线如图 3-2 所示。

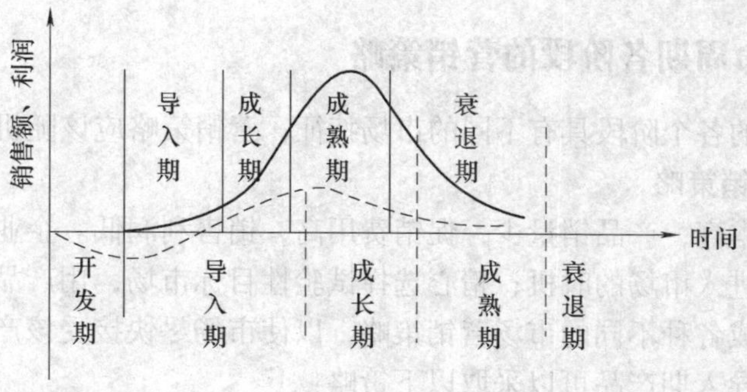

注：图中曲线，实线为销售额变动趋势，虚线为利润趋势。

图 3-2　汽车产品生命周期曲线

二、产品生命周期各阶段特点

1. 导入期

导入期的产品刚刚投入市场，少数追求新奇的顾客可能购买，但大多数顾客对产品还不了解，所以销售量比较低。这一阶段，产品不能大批量生产，生产成本高。企业为了扩展销路，需要对产品进行宣传，促销费用高，再加上销售额增长缓慢，获取利润的压力很大。

2. 成长期

这一阶段顾客对产品逐步熟悉，大量的新顾客开始购买，市场逐步扩大。产品大批量生产，生产成本相对降低，企业的销售额迅速上升，利润也迅速增长。竞争者感到有利可图，纷纷参与竞争，使同类产品的供给量增加，价格随之下降，企业利润增长速度逐步减慢，最后达到生命周期利润的最高点。

3. 成熟期

市场需求趋向饱和，潜在的顾客已经很少，销售额增长缓慢直至转而下降。这一阶段，竞争逐渐加剧，产品售价降低，促销费用增加，企业利润开始下降。

4. 衰退期

由于科学技术的发展，新产品或新的代用品出现，诱使顾客的消费习惯发生改变，使原来产品的销售额和利润额迅速下降，这时产品进入衰退期。

三、产品种类、形式、品牌的生命周期

产品种类是指具有相同功能及用途的所有产品。产品形式是指同一种类产品中，辅助功能、用途或实体销售有差别的不同产品。而产品品牌则是指企业生产与销售的特定产品。

例如，舒适型帝豪轿车，轿车表示产品种类；舒适型是轿车的产品形式；舒适型帝豪轿车则专指舒适型轿车的一种特定产品，一种产品品牌。

产品种类的生命周期要比产品形式、产品品牌长，有些产品种类生命周期中的成熟期可能无限延续。

产品形式一般表现出上述比较典型的生命周期过程。

品牌产品的生命周期一般并不规则，它受到市场环境及企业市场营销决策、品牌知名度等的影响。品牌知名度高的，其生命周期就长。许多著名的国际品牌，百年经久不衰就是例证。

四、产品生命周期各阶段的营销策略

产品生命周期的各个阶段具有不同的市场特征，营销策略应该随机而变。

1. 导入期的营销策略

导入期制造成本高，产品销量少，促销费用高，销售利润低。企业应当注意：投入产品要有针对性；把握进入市场的时机；精心选择试验性目标市场，用产品、分销、价格、促销四个基本要素组合成各种不同的市场营销策略，以使市场尽快接受该产品，缩短导入期，更快地进入成长期。导入期产品可以采取以下策略：

（1）快速掠取策略　快速掠取策略即高价格和高促销策略。采用高价格，有利于树立产品形象，有利于企业获取较多毛利，更有利于回收成本和推动高强度促销；高促销有利于

吸引目标顾客购买产品。采用这一策略的条件是：产品有质量优势，消费者对产品品牌了解不足，但市场的容量较大并且稳定，产品的价格弹性较低，企业急于占领市场。

（2）慢速掠取策略　慢速掠取策略即高价格和低促销策略。采用这种策略的目的在于增加利润，回收资金，减少未来的风险。适用条件是：产品价格弹性低，市场容量稳定但不大，或容量大但不稳定，竞争对手较弱，品牌作用不明显，企业注重短期收益，不注重长远的市场占有率。

（3）快速渗透策略　快速渗透策略即低价格和高促销策略。该策略注重企业长远的占有率和规模优势。采用该策略的条件是：产品价格弹性大，产品市场容量大且稳定，市场竞争激烈。高促销有利于品牌的传播，争取更多的潜在消费者。采用这种策略需要大量的资金支持，一般被实力雄厚的大企业所采用。

（4）慢速渗透策略　慢速渗透策略即低价格和低促销策略。低价格有利于产品进入市场，低促销有利于降低成本。采用该策略的条件是：产品价格弹性大且市场容量大，低价本身就在争夺占有率，如果新产品是原有产品的改选品，消费者对产品的品牌已经熟悉，或者该产品已经是名牌产品，促销的作用已经不大，低促销有利于产品的竞争。

2. 成长期的营销策略

产品处于成长期时，消费者已经熟悉该产品，消费习惯已经形成，销售量也迅速增长，老顾客有可能重复购买，并且带来了新的顾客。这个阶段是产品进入创利时期，所用的策略主要是创造优势来提高占有率和增加利润，具体的营销策略主要有：

1）改进产品策略。它是指改进产品的性能和提高产品的质量，扩大产品的深度，增强服务，延伸利益，开发产品的新用途。

2）适当降价策略。它是指在扩大生产的基础上，选择适当的时机进行适当降价来提高销量和利润。

3）扩充渠道策略。它是指寻找新的目标市场，选择有利的销售渠道，有效地控制目标市场。

4）强化促销策略。它是指广告宣传的重心从介绍产品转变为宣传产品特色，树立品牌形象，争取创立名牌，提高品牌知名度，使消费者产生偏爱。

3. 成熟期的营销策略

成熟期产品销售量增长缓慢，逐步达到最高峰，然后缓慢下降，产品的销售利润也从成长期的最高点开始下降。这一阶段是产品收获的黄金阶段，企业应采取积极的营销策略设法延长这个阶段的时间。例如，采取主动出击的策略，尽量延长成熟期，或采用开发新市场，使产品生命周期出现再循环。成熟期的营销策略主要有：

1）改良产品。它是指对原有产品进行创新，改进性能，提高质量，改进外观和款式。例如，电视机产品在我国已进入成熟期，在价格大战中许多企业选择低价竞争，但有的企业却另辟蹊径，提高产品性能而不降价，既树立了企业形象，又吸引了一定层次的消费者。

2）开拓新市场。产品进入成熟阶段，群雄鼎立的市场格局已经形成，争夺竞争者已经控制的市场变得相当困难。此时，开拓市场主要是对企业现有市场进行深度的开发，如以累计购买量的价格折扣、会员优惠卡、提高售后服务等来稳定原有的消费者并增加重复购买率和购买数量。此外，还可重新细分市场，发现新的需求和新的目标市场，应用产品差异策略来扩大市场销售量。

3）创新营销组合。例如，改进产品的包装、调整产品的价格、优化销售渠道，促销应从宣传产品用途、宣传企业品牌转变为塑造企业形象，宣传企业的理念和社会目标，努力提升企业的形象和声誉。

4. 衰退期的营销策略

衰退期产品销售量急剧下降，利润很低，大量的竞争者退出市场；消费者的消费习惯已经改变。这一阶段的关键是果断地决定如何转移市场或者退出市场。可供选择的策略有：

（1）持续策略　由于众多的竞争者退出市场，暂不退出市场的企业的市场空间有所增加，在一定时期维持营销甚至缩减推销人员，减少促销费用等尚可获得一定的利润。

（2）集中策略　由于市场容量衰退，一些目标市场的营销效率下降。企业应放弃低效率的目标市场，在一定时期内集中力量经营少数效率较好的目标市场。

（3）放弃策略　对衰退较快的产品，企业没有可能通过维持来获得或需要抽出资金发展其他产品时，应当立即放弃这个衰退的产品。

（4）转移策略　衰退期产品在某些地方可能是新产品。例如，桑塔纳汽车在进入中国时，对中国市场来讲是全新产品，但在其他地方并不如此。为此，采用转移策略，将在当地已经处于衰退期的产品转移至原来没有使用过这类产品的新的市场，可以延长产品的生命周期。

五、产品组合与营销策划

1. 汽车产品组合

汽车产品组合又称产品搭配，是一个汽车企业生产和销售的所有汽车产品线和汽车产品品种的组合方式，是一个汽车生产和销售企业全部汽车产品的结构。企业为了实现营销目标，充分有效地满足目标市场的需求，必须设计一个优化的产品组合。

2. 产品组合相关概念

（1）产品项目　产品项目是指按产品目录中列出的每一个明确的产品单位，一个产品项目就是由一种型号、品种、尺寸、价格、外观等的组成的产品。例如，一个车型系列中各种不同档次、质量和价格的特定品种。

（2）产品线　产品线是指在某种特征上互相关联或相似的一组产品，通常属于产品大类的范畴。这种类别可以按产品结构、生产技术条件、产品功能、顾客结构或分销渠道等变数进行划分。譬如汽车产品的某一车型系列就是按产品结构划分的一条产品线。企业可视经营管理、市场竞争、服务顾客等具体要求来划分产品线。

（3）产品组合的衡量　产品组合的衡量通常可以采取这样四个变数：产品线的宽度、产品线的深度、产品线的长度、产品线的相容度。

产品线的宽度是指企业具有多少条不同的产品线。例如，一汽集团就有高级轿车、载重汽车、轻型载货汽车等多条产品线。

产品线的长度是指产品组合中的产品品种总数。上汽集团一共有30多种汽车产品，这就是它的汽车产品线的长度。

产品线的深度是指产品线中的每一产品有多少项目。例如，桑塔纳系列由普桑、桑塔纳2000和桑塔纳3000等多个项目构成。

产品线的相容度是指各条产品线在最终用途、生产条件、分销渠道或其他方面相关联、

相融合的程度。例如，大型汽车生产企业集团的各种车辆产品，最终用途差别较大，但生产条件、分销渠道相似，同时生产和销售这些产品没有多少冲突。

3. 汽车产品组合的类型

汽车产品组合具有广度性组合和深度性组合两种类型。例如，汽车超市和汽车专营店所经营的产品组合就属于两种不同的类型。汽车产品组合的具体类型有：

（1）全线全面型　全线全面型是指企业着眼于向任何顾客提供各种所需产品的产品组合类型。该种组合要求企业同时拓展产品组合的广度和深度，增加产品线和产品项目，力求覆盖每一细分市场，但对产品线之间的关联程度则没有限制，可以是狭义的全面全线型，即扩展产品线后关联程度仍然紧密；也可以是广义的全线全面型，即扩展产品线后关联程度松散，甚至是多元化经营。

（2）市场专业型　市场专业型是指企业向某一市场或某一类型顾客提供所需的各种产品的产品组合类型。它是以满足同一类型顾客为出发点，着重考虑拓展产品组合的广度，即依据同类顾客需求设置产品线。

（3）产品专业型　产品专业型是指企业只生产某一种类型的不同产品项目来满足市场需求的产品组合类型。采用这一组合的企业只拥有一条产品线，可根据市场需求增加这一产品线的深度，扩展产品项目。

（4）选择性专业型　选择性专业型是指企业只生产某一产品线中一个或少数几个产品项目来满足市场需求的产品组合类型。通常小型企业采用这一组合类型，因为所需资金相对较少，可发挥企业专长，但它的风险比较大。

（5）特殊产品专业型　特殊产品专业型是指根据消费者的特殊需要而专门生产特殊产品的产品组合类型。这种组合的市场竞争威胁小，适合于小型企业，但难于扩大经营。

（6）特别专业型　特别专业型是指企业凭借其特殊的生产条件生产能满足顾客特殊需求的产品的组合类型。采用这一组合可排斥竞争者涉足。

4. 汽车产品组合策略

汽车产品组合策略是汽车企业根据目标的不同，对汽车产品组合的广度、深度和相容度进行决策，确定一个最佳的汽车产品组合，具体包括：

（1）扩大汽车产品组合策略　扩大汽车产品组合策略包括三种做法。

1）扩大汽车产品组合的广度。一个汽车企业在生产设备、技术力量所允许的范围内，既专业又综合地发展多品种。扩大汽车产品组合的广度可以充分利用企业的各项资源，使汽车企业在更大的市场领域中发挥作用，并且能分散汽车企业的投资风险。上海大众汽车公司在扩大汽车产品组合的广度上的做法是：普桑到桑塔纳2000到帕萨特再到经济型轿车。

2）加深汽车产品组合的深度。从总体来看，每个汽车企业的汽车产品线只是该行业整个范围的一部分。例如，宝马公司的汽车在整个汽车市场上的定价属于中高档范围。加深汽车产品组合的深度，可以占领同类汽车产品更多的细分市场，迎合更广泛消费者的不同需要和偏好。上海大众汽车公司在帕萨特轿车基本型的基础上，研制开发了豪华型车和变形车，就是加深产品组合深度的例子。位于不同市场地位的企业加深汽车产品组合的深度，可以向下（低档）扩展、向上扩展（高档），也可以双向扩展。

3）加强汽车产品组合的相容度。一个汽车企业的汽车产品尽可能地配套，如汽车和汽车内饰、汽车涂料等。加强产品组合的相容度，可提高汽车企业在其行业或某一地区的声誉。但扩大汽车产品组合往往会分散经销商及销售人员的精力，增加管理困难，有时会使边际成本加大，甚至由于新产品的质量性能等问题影响本企业原有产品的信誉。

（2）缩减汽车产品组合策略　缩减汽车产品组合策略同样可以从缩减汽车产品组合广度、深度、相容度三种不同的方式展开。采取缩减策略的好处是：集中精力与技术，对少数汽车产品改进品质、降低成本；对留存的汽车产品可以进一步改进设计、提高质量，从而增强竞争力；使脱销情况减少至最低限度；使汽车企业的促销目标集中，效果更佳。采取该策略会使汽车企业丧失部分市场，增加汽车企业经营风险。因此，一个汽车企业对于某种汽车产品，在决定是否淘汰之前，应三思而后行。

（3）高档与低档汽车产品策略　高档汽车产品策略是在一种汽车产品线内增加高价汽车产品，以提高汽车企业现有的声望。上海大众汽车公司为桑塔纳2000加装ABS、电子防盗等多项国内首次采用的先进装置使其成为“时代超人”。这样既可增加原汽车产品的销售量，又可逐步推动高价汽车产品的销售。

低档汽车产品策略是在高价汽车产品线中增加廉价汽车产品项目，目的是利用高档名牌汽车产品的声誉，吸引购买力较低的消费者，使其慕名购买廉价汽车产品。两种策略都有一定的风险，都可能引起汽车消费者的混淆。

例如，采取高档汽车产品策略的汽车企业，如果要改变企业在汽车消费者心目中的原有形象，是很不容易的，其新增的高档汽车可能会失去意义；而采用低档汽车产品策略的汽车企业，如果处理不当，会损害企业原有的名牌产品的声誉。

（4）汽车产品异样化、细分化策略　汽车产品异样化和细分化均属扩大汽车产品组合策略。汽车产品异样化是指在同质市场上汽车企业为强调自己的产品与竞争产品有不同的特点，避免价格竞争，尽可能地显示出与其他产品的区别，以在不完全竞争市场上占据有利地位。汽车产品细分化则是指在市场细分化基础上产生的汽车产品策略。汽车产品异样化实质上是要求汽车消费者需求服从生产者的意志，而汽车产品细分化则是汽车企业从消费者的需求出发，而且承认消费者的需求是不同的，它充分体现了汽车市场营销的观念。

六、新产品开发与营销策略

1. 新产品的概念

新产品突出的是一个“新”字。一般情况下把对市场第一次出现的产品，对企业第一次生产和销售的产品，都称为新产品。

（1）全新产品　科技上的新产品是指过去没有而现在被发明创造出来的产品，如纯电动汽车。

（2）革新产品　营销学上的新产品包括：在老产品基础上加以革新和改进的产品，甚至仅仅改换了包装方式的产品；在现有产品系列中增加品种和规格有差异的产品；以及引进的其他市场已有的产品。例如，2009年全国推出的200多款新车型大量属于此类。

2. 新产品的分类

（1）全新产品　它是指第一次生产、第一次上市的前所未有的产品。例如，比亚迪电动汽车就属于科技上的全新产品。

（2）地域性新产品　它是指投放到新的目标市场上的产品。

（3）新引进新产品　它是指市场上已经出现，但企业是第一次生产的产品。例如，斯

柯达昊锐汽车就属于新引进新产品。

（4）连续性新产品　它是指原有产品基础上改造而得的产品，包括现有产品线增补产品、改良性产品、革新性产品。例如，新领驭汽车就属于连续性新产品。

3. 新产品开发策略

（1）新产品设计开发的心理策略　新产品开发必须注意：立足市场需求；适应消费习惯、消费模式、消费心理、消费决策、消费观念等消费变化；了解消费者个性，赋予产品以品牌个性，适应目标消费群的个性特征；讲究实用、科学合理；突出产品的使用价值、观赏价值、内容形式的完美统一，符合审美情趣；符合社会潮流，关注流行，创造流行，引领流行。

（2）新产品开发流程　为了新产品能够顺利推向市场，让更多的消费者接受，在新产品开发过程中必须遵循新产品开发流程。这个顺序是：根据市场需求，进行产品新构思；在众多方案中，筛选构思方案；在高性能化、多功能化、微型化、方便化、节能化、多样化、系列化、知识化、人性化、时尚化等众多新产品开发方向中，选择产品未来的市场目标，建立新产品概念，赋予产品个性；研究市场竞争格局，进行商业分析；集中企业资源，开发研制新产品；分析目标市场，进行市场试销；经过精细策划，安排新产品正式上市。

（3）新产品开发的市场策略　新产品开发的市场策略主要是采用空档策略和重新定位策略。空档策略是指回避供过于求或供求相近、潜力不大的产品，努力开发市场供应空档的产品；重新定位策略是指为产品重新定位，焕发产品新的生命，延长产品的生命周期。

4. 新产品推广策略

（1）影响新产品推广的因素　影响新产品推广的因素主要有：产品因素，包括产品的优越性、适应性、可试用性和沟通性；心理因素，包括产品的流行心理、象征心理、求实心理、便利心理、安全心理和惠顾心理。

（2）新产品推广策略　新产品上市被消费者采用需要过程。新产品从发明或创造到推广是新产品扩散过程，首先要让消费者了解新产品。消费者之间存在很大的差异性，一视同仁地进行推广成本高、效果差。两级流动传播理论认为，消费者对新产品的响应率取决于消费者的个性与新产品的特征，可以采取两级传播进行新产品扩散，包括：一级传播，集中能量、有针对性地通过新闻媒介传播到舆论领袖中去；二级传播，通过舆论领袖流向更广的大众。

（3）认识客户类型与特点　新产品推向市场，不同类型的客户有不同的特点，也会用不同的方式接受新产品。其中：创新者敢于冒险、乐于接受新事物，这类客户大概占消费者的3%～5%；早期使用者是最早接受新事物的人，但比较谨慎，这类客户大概占消费者的10%～15%；早期接受者慎重，比一般人先接受，但不会带头，这类客户大概占消费者的34%；晚期接受者疑虑重重，行动迟缓，不主动接受新产品，这类客户大概占消费者的34%；落伍者传统观念强烈、保守固执，这类客户大概占消费者的5%～16%。

（4）尊重心理规律　新产品推广必须遵循消费者的心理规律，营销策划人员的所有思考和安排都是为了让消费者完成接受新产品的心理过程，包括知晓、兴趣、评估、试用、采用的几个阶段。成交行为一定是在这些过程以后。

第三节 汽车产品品牌策划

一、品牌与品牌化

1. 品牌的概念

品牌是构成产品整体的一个重要组成部分，它在现代市场营销中的作用越来越大。品牌决策成为企业市场营销策略的重要内容，实施名牌战略也成为众多企业的战略选择。

著名营销大师菲利普·科特勒讲："品牌是一种名称、术语、标记、符号或设计，或是它们的组合运用，其目的是辨认某个销售者或某群销售者的产品与服务，使之同竞争对手的产品和服务区分开来"。

品牌名称是品牌中可以用语言表达的部分。

品牌标志是指品牌中可以被辨认出，但不能用语言表达的部分（包括符号、图案或明显的色彩或字体）。

品牌本质上代表着企业向消费者长期提供的特定产品、利益和价值。只有当这些产品、利益和价值被消费者所感知、所偏爱时，品牌才能折射出无比耀眼的光辉，显现其强大的力量。品牌的核心是企业的产品或服务在消费者心目中，经过长期沉淀形成的一种心理感觉。它由一连串故事、形象、联想、体验、产品、服务等元素构成。一个品牌就是一种承诺，通过相关的、差异化的、一致的服务创造顾客价值和企业价值。

2. 商标的概念

商标是一个专门的法律术语，是品牌或品牌的一部分，经向有关部门依法注册并取得专用权后，称为商标。商标一经核准，商标持有人便享有专用权，这是一项重要的工业产权和知识产权。他人未经许可不准使用，如果私自使用他人商标，便构成商标侵权。在市场经济条件下，商标依照其知名度高低和获利大小，具有不同的价值，是企业的一项重要的无形资产，其产权和使用权可以依法转让和买卖。在我国，商标的概念有所不同，我国习惯上对一切品牌，不论其注册与否，统称为商标，而另有"注册商标"与"未注册商标"之分。法律保护注册商标，未注册商标则不受法律保护。商标是品牌的重要识别符号，但商标不等同品牌。

3. 品牌的功能

（1）商品的识别功能　品牌能直接、概括地反映商品的产地、形状、用途、成分和性能等，便于消费者识别和认知这一商品。

（2）企业形象的象征　品牌代表了商品生产、服务企业的产品质量与功效，经营特色与承诺，有利于优化企业形象。

（3）消费者权益保护功能　消费者可以依照品牌识别符号区别真伪，选择产品和服务，确保品牌承诺的兑现，维护合法利益。

（4）品牌增值的功能　品牌在消费者心目中的感觉可以使品牌自身价值增值或贬值。良好的质量、外观、功能、服务、知名度、美誉度可以得到消费者的认知和忠诚，不仅使无形资产增值，而且给企业带来利益。

二、品牌与汽车

1. 品牌与质量

随着消费者的理性消费意识日益增强，人们开始习惯于通过品牌认知来形成对产品及服务优劣的市场识别。尤其当产品品牌的影响力更具特色、难以区别时，服务品牌开始成为差异化的识别元素。

在诸多中外合资的汽车企业中，品牌已成为中外方利益协同的战略元素，所以中国汽车品牌的打造呈现出强劲的本土化特点。当前售后服务品牌的打造已成为各大汽车厂家提升网络凝聚力，提高经销商整体运营水平的有效工具。品牌价值体现在利用品牌创造更高的价格或更大规模的能力上。

一个优秀的汽车品牌，一般都视发展品质重于利润和规模。没有质的约束，品牌价值可能缩水。在竞争日益激烈的汽车市场，这种意识正被更多的厂商所接受。所以每家厂商都通过不同的策略打造自己的品牌。

品牌与质量之间有着密切的关系，越是被公众认可的品牌，其产品和服务的质量表现越好。

2. 品牌与个性

汽车不仅仅是简单的代步工具，它体现了主人的思想、性格、身份、抱负和性格。当各种汽车在价格上不能拉开明显距离的时候，消费者会将汽车个性与自身性格相联系，并深深受到品牌个性的影响。为此，各个汽车厂商都重视自己品牌形象及其个性的塑造。可以认为世界汽车发展史，实际上就是一部激动人心的汽车品牌发展史。汽车所能展示的品牌力量很少有其他商品可以超越。品牌甚至已经成为企业决胜市场的“尚方宝剑”。

三、品牌化决策

1. 品牌化决策的含义

品牌化是赋予产品和服务一种品牌所具有的能力。品牌化的根本是创造差别使自己与众不同。品牌化不能只强调品牌的属性和某些利益，品牌也有风险，品牌的实质应当包含它的价值、文化和个性。推行品牌化：对营销者具有促进产品销售，树立企业形象，保护企业合法权益，约束企业的不良行为，有助于扩大产品组合的作用；对于消费者则具有便于辨认、识别、选购商品，维护消费者利益，促进产品改良，有益于消费者的作用。

品牌化决策是有关品牌的第一个决策，决定该产品是否使用品牌。在激烈的市场竞争中，品牌对消费者、对企业以及对整个社会都有重要的作用。

2. 无品牌商品化决策

在发达的市场经济条件下，品牌化是一种趋势。但是，要使一个品牌成功地打入市场，往往要花费巨额的费用，导致成本的大量增加，一旦经营失利，将得不偿失。因此，近些年在美国等发达国家又出现一种“非品牌化”趋势，目的是降低广告和包装费用，降低成本和价格，以此增强竞争能力。

在这种情势下，各种不同牌号的汽车就其功能而言并没有多大的区别，面对趋同化商品的大量出现，消费者面临着更加众多、更加广泛、更加无所适从的选择。这使企业日益求助于企业的声誉管理，企业管理者希望通过企业声誉来支撑的品牌方面的满足。

所谓企业声誉，是指人们看待某一公司是好是坏的一种实质性的总体评价。这种评价是一种价值判断和道德判断，在很大程度上取决于利益相关者，它与企业的管理伦理密切相关。好的声誉会培养人们对该企业的一种信任或信赖，而且这种声誉只有通过领导知名度、员工参与度、顾客满意度和社区和谐度才能获得，并进而产生“光环效应”。由此可见，任何企业在重视品牌化建设的同时，必须同时重视企业声誉的塑造。

3. 品牌归属决策

一旦决定对产品使用品牌，制造商对品牌归属就面临三种选择：一是制造商品牌，也称生产品牌或全国品牌，这是制造商使用自己的品牌；二是经销商品牌，也称中间商品牌或自有品牌，即中间商向制造商大量购进产品或加工订货，用中间商的品牌把产品转卖出去；三是上述两种品牌同时存在，即一部分产品用制造商品牌，一部分用中间商品牌。目前，大量的4S店基本使用汽车制造企业的品牌，容易忽视自己的品牌，这是汽车经营企业需要高度注意的。

四、品牌命名策划

1. 品牌命名

品牌命名是创立品牌的第一步。好的品牌命名，不仅是企业永久性的精神财富，而且能唤起人们美好的联想，使拥有者和消费者得到鞭策和鼓励。

（1）品牌命名的时机　新公司创立时，让一个承载企业理想的名称与之共同成长；新产品推出时，用一个新名字说明产品的新颖性；新的产品类别被创造时，用一个直观、易记的名称建立壁垒，让竞争对手难以逾越；新活动启动时，用一个新名称来表达活动的主张和诉求；新服务执行时，选择一个名称创造或拥有一个梦想；新项目开展时，选择一个名称来指引项目的方向；企业重组时，设计一个强有力的品牌化集合体来强化顾客忠诚度，坚定品牌的纽带。另外，企业收购时、渠道冲突时、启动危机公关时，发现现有名称不支持产品特性、成分或服务理念时，遇到宣传阻力时都是品牌命名的重要时机。

（2）品牌命名程序　品牌命名要遵循科学的命名程序，通过前期调查，动脑会议，联想大量词语，针对品牌的具体情况，选择适合自己的命名策略。品牌命名需要通过法律审查、语言审查、内部筛选、目标人群测试等各个环节进行认真的审核，以避免法律纠纷，避免语言障碍的名称，最后才可以从经过初步筛选的几个名称中决定出最终的命名。品牌命名要掌握合法、尊重文化与跨越地理限制、简单明了、易读易记、暗喻功能、启发正面联想、个性突出、风格独特等要点。

2. 品牌命名注意事项

品牌命名需要策划。选择品牌命名应当注意：

1）品牌名称的传播力要强，要能最大限度地让品牌传播出去，不但使消费者记得住，而且能自然而然联想到品牌的属性。

2）品牌名称的亲和力要强。品牌的亲和力取决于品牌名称用词的风格、特征、倾向等因素，它的前提是贴合目标消费者的偏好，通过扩大焦点，征服消费者的心。

3）品牌名称的保护性要强。被命名的品牌应当合法注册，防止给别人留下钻营的机会。

3. 品牌命名的方法

品牌命名的方法众多。例如，有人在实践中就总结出了“7势命名法”，很有见地。

（1）立势命名法　强调名字铿锵有力、豪情万丈、音调洪亮、富有气势，是谓“立势命名法”。比亚迪的F3、F6，吉利的帝豪等产品，在品牌命名上就明确了志存高远的企业价值观。

（2）醒势命名法　这种命名策略产业背景清晰、吻合行业特征，暗含商品属性与服务定位的寓意，锁定目标客户群。例如，一汽和上汽正在紧锣密鼓地筹划推出“东风1号”和“上海牌”汽车，就是充分体现大力发展自主品牌汽车的产业背景，增强消费者对自主品牌美好的历史回忆。

（3）取势命名法　取势命名法的关键在于根据已知的、潜在的关联命名品牌。一个新颖、独特的品牌名称能使普通产品变成极具吸引力的商品，演绎优美的意境，同时给受众带来欢乐和享受的美好祝愿。长安汽车、红旗汽车、奇瑞汽车中的风云、旗云、东方之子、瑞虎等都体现了这种策略。这种集美好祝福与愿望于品牌名称之中的命名方法，可以制造一种内在的消费行为驱动力，很容易最终转化成为消费动机、购买行动。

（4）审势命名法　审势命名法的技巧在于，客观审视自己的长处和资源优势，把企业产品或品牌与自身所独有的这种优势结合起来。荣威750的命名，就是彰显了上海这座城市的科技能力和上海汽车消化吸收国外技术的优势。

（5）预势命名法　预势是一种极为重要的商业能力。预势命名法的特点是客观、有效地预测品牌未来、建立着眼于未来的品牌战略，不仅要简洁明了、便于传播和联想、具有时代感，而且符合国际一体化的商业趋势，有利于对未来市场的扩张。神龙汽车的凯旋、C2、萨拉·毕加索、富康、爱丽舍，赛纳，标致307、206等品牌目光绝非只针对眼前。

（6）借势命名法　借势命名法不必组字构词，直接借用、挪用、占用已有传播影响力基础的词汇。它的最大优势在于，可以用“草船”即可“借箭”的方法开拓市场，大大减小品牌推广阻力，节省广告费用，降低品牌推广成本。例如，一汽大众的捷达、宝来、高尔夫、奥迪等产品，以及诸多合资品牌的命名都采用了借势的方法。

（7）溶势命名法　随着越来越多的国际品牌进驻中国，着眼于国内市场的建设与推广，给品牌英文名称一个好的中文解释，显得越来越重要。来自德国的著名汽车品牌Mercedes Benz，当年在进入国内市场时有人叫宾士，也有人称之为本兹，晦涩难懂，品牌特征并不清晰。为了扭转这种局面，Mercedes Benz迅速将它更改成中文汉字里意韵俱佳的品牌名称奔驰（汽车），使品牌名称与品类属性、产品诉求完全吻合，而且使之具有美好的意愿。

五、品牌形象策划

1. 品牌形象与企业形象

形象是人们反映客体而产生的一种心理图式，是各种规则和结构组成的错综复杂的粗略概括或标志。按照这个逻辑，品牌形象是存在于人们心理的关于品牌的各要素的图像及概念的集合体，它是市场竞争条件下，一种产品或服务差异化含义的联想的集合，是消费者对传播过程中所接收到的所有关于品牌的信息进行个人选择与加工之后留存于头脑中的有关该品牌的印象和联想的总和。

企业形象设计与品牌形象设计是两个既有联系又有区别的概念，不能混为一谈。

企业形象设计也称CI设计，它以企业标志为核心，将企业的经营理念全面、系统地体现在企业的视觉识别系统中，便于企业进行全方位系统化和规范化的管理。CI系统由企业理念（MI）、企业行为（BI）、视觉识别（VI）三部分组成。

2. 品牌形象的构成内容

良好的品牌形象是企业在市场竞争中的有力武器，深深地吸引着消费者。品牌形象包括有形的内容和无形的内容。

品牌形象的有形内容又称品牌的功能性，即与品牌产品或服务相联系的特征，它把产品或服务提供给消费者的满足与品牌形象紧紧联系起来，使人们形成感性的认识。

品牌形象的无形内容是指品牌的独特魅力，是企业赋予品牌的，并为消费者感知、接受的个性特征。

现代汽车市场，人们对商品的要求不仅表现在商品本身的功能性上，而且把要求转向商品带来的无形感受，表现在人们的情感体验、身份显示、地位象征、心理满足等个性化要求上。

3. 品牌形象是一个系统

品牌形象是品牌的灵魂。品牌形象中所谓的形象，不是狭义上人们对形象的认识，而是一个系统，包括品牌的外观形象、品牌的功能形象、品牌的情感形象、品牌的文化形象、品牌的社会形象及品牌的心理形象。品牌形象策划是对一个形象系统的设计策划，不只是简单的品牌命名和品牌商标设计。

4. 品牌形象的有形要素

品牌形象的有形要素包括产品形象、环境形象、业绩形象、社会形象、员工形象等。

（1）产品形象　产品形象包括产品质量、性能、造型、价格、品种、规格、款式、花色、档次、包装设计以及服务水平、产品创新能力等。

（2）环境形象　环境形象主要是指品牌的生产环境、销售环境、办公环境和品牌的各种附属设施。其中，最重要的是销售环境的设计、造型、布局、色彩及各种装饰等，更能展示品牌文化和品牌形象的个性等。

（3）业绩形象　业绩形象是指品牌的经营规模和盈利水平，主要由产品销售额、资金利润率及资产收益率等组成。它反映了品牌经营能力的强弱和盈利水平的高低，是品牌生产经营状况的直接表现，也是品牌追求良好品牌形象的根本所在。

（4）社会形象　社会形象是指品牌通过非盈利的以及带有公共关系性质的社会行为塑造良好的品牌形象，以博取社会的认同和好感。它包括：奉公守法，诚实经营，维护消费者合法权益；保护环境，促进生态平衡；关心所在社区的繁荣与发展，做出自己的贡献；关注社会公益事业，促进社会精神文明建设等。

（5）员工形象　品牌员工是品牌生产经营管理活动的主体，是品牌形象的直接塑造者。员工形象是指品牌员工的整体形象，它包括管理者形象和员工形象。

管理者形象是指品牌管理者集体（尤其是品牌家）的知识、能力、魄力、品质、风格及经营业绩给本品牌员工、品牌同行和社会公众留下的印象。管理者形象好，可以增强品牌的向心力和社会公众对品牌的信任度。

员工形象是指品牌全体员工的服务态度、职业道德、行为规范、精神风貌、文化水准、作业技能、内在素养和装束仪表等给外界的整体形象。

品牌是员工的集合体，因此，员工的言行必将影响到品牌的形象。职工形象好，可以增强品牌的凝聚力和竞争力，为品牌的长期稳定发展打下牢固的基础。

5. 品牌形象的设计逻辑

消费者对品牌的感知，最先往往是品牌的外观形象，如品牌的名称、商标等，然后才是品牌的功能形象、情感形象和文化形象等深层次的形象。

消费者由外而内的感知品牌，从最表象处理解品牌的核心和灵魂，品牌设计就必须反过来首先确定品牌的灵魂，然后才设计品牌的社会形象、文化形象、情感形象、功能形象和外观形象，这是因为品牌的其他的形象设计都是为了体现品牌灵魂形象而设计的。

所谓品牌灵魂是指品牌形象系统中处在最核心位置的品牌的心理形象，它是品牌形象系统中最深层的形象。确定好品牌各项目标形象后，要以清晰、全面、准确的文字、措词、语言表达出来，逻辑要清楚，最终形成品牌目标形象设计书。

6. 品牌形象评判

品牌形象可以用品牌知名度、品牌美誉度、品牌反映度、品牌注意度、品牌认知度、品牌美丽度、品牌传播度、品牌忠诚度及品牌追随度等方法加以度量。

品牌知名度是指品牌被公众知晓的程度包括公众知名度、行业知名度、目标受众知名度等。

品牌美誉度是指品牌获得公众信任、支持和赞许的程度，也可从公众美誉度、行业美誉度、目标受众美誉度三个方面加以研究。

品牌反映度是指品牌引起公众感知的反映程度。

品牌注意度是指品牌引起公众注意的能力，主要指品牌在与公众接触时引人注目的程度。

品牌认知度是指品牌被公众认识、再现的程度。

品牌美丽度是指品牌从视觉上给人的美的享受程度。

品牌传播度是指品牌传播的穿透力程度。

品牌忠诚度是指公众对品牌产品使用的选择程度。

品牌追随度是指品牌使用者随品牌变迁而追随品牌的程度。

六、品牌数量策划

1. 统一品牌策略

统一品牌策略也称家族品牌策略或一揽子品牌策略。统一品牌是指将一个品牌运用到整个产品线中的所有产品项目中去，也就是说这个企业无论生产多少种类的产品，无论其产品的经营范围拓展到多少不同的市场，它只采用一个品牌。

采用统一品牌策略的企业往往将企业名称缩写，设计成统一品牌的名称与视觉标志，将品牌的名称与企业的名称统一起来。

采用统一品牌策略有利于企业树立统一的形象和提高整体识别度，极大限度地加深消费者对这个品牌的印象与记忆，并可以节约大量的包装和促销的费用。

但是，当企业想要占领不同的细分市场，并采取不同的差异化的市场策略时，统一品牌策略也存在严重的缺陷，可能会使企业不同的市场细分与差异化经营策略难以实施。这是因为，采用统一品牌策略的企业，个别产品在个别市场的偶然失误也可能影响到整个企业的形象与声誉，甚至一损俱损。

2. 个别品牌策略

个别品牌策略是指企业对各种不同产品，分别采用不同的品牌。它将一个个不同的独立品牌分别运用在一条产品线中的各个不同的产品项目中，同一条产品线中的各个不同的产品项目因为它们之间的细微差别而被冠以不同品牌。

企业的不同市场细分策略与差异化的经营战略，往往可以因个别品牌策略的有效使用而获得明显成效，最终使企业获得成功。

个别品牌策略可以把个别产品的成败同企业的声誉分开，不至于因个别产品信誉不佳而影响其他产品，不会对企业整体形象造成不良后果。

采用个别品牌策略可以提高某一个品牌在消费者心中的记忆度，但实行这种策略，企业的广告费用开支很大，对提高整个企业的知名度并塑造企业的统一形象没有帮助。最好的办法是先做强企业品牌，以企业品牌带动个别品牌。

3. 扩展品牌策略

扩展品牌策略是指企业利用市场上已有一定声誉的品牌，推出改进型产品或新产品。采用这种策略，既能节省推广费用，又能迅速打开产品销路。

这种策略在我国汽车市场使用较多，最近几年每年新推出的数以百计的新车中，大部分都是改进型产品。

采用这种策略的前提是扩展的品牌在市场上已有较高的声誉，扩展的产品也必须是与之相适应的优良产品。否则，扩展品牌策略会影响产品的销售或降低已有品牌的声誉。

4. 统一品牌与个别品牌共同策略

统一品牌与个别品牌共同策略是指企业先给各种产品命以不同的品牌名称，在各种品牌名称前一律冠以企业名称。

例如：一汽大众、一汽奥迪、一汽红旗等，兼收两种品牌策略的优点，目的是靠响亮的公司名称来促进各种产品的销售。

5. 多品牌策略

多品牌策略即一个企业的产品使用多个品牌，多品牌会影响原有单一品牌的销售量，但几个竞争品牌的销售量之和会超过单一品牌的销售量。

例如，吉利汽车将自己的多品牌策略定位在全球鹰、帝豪及上海英伦三个子品牌上，分别代表“时尚、激情、梦想”、“豪华、稳健、力量”、“经典、英伦、贵族”的品牌个性，吉利品牌为吉利汽车的研发、营销指明了方向。

多品牌策略的风险在于新品牌打造的成本很高，如果长期无法使其中某一品牌形成一定的市场规模，会对整个多品牌策略造成负面影响。

小资料

图腾性的品牌

凤凰卫视刘长乐提出：“我们为什么不能搞更多的中国的创意、中国的创造，把中国的创造取代中国的制造。对中国的品牌有一个残酷的现实我们必须要承认：中国是一个品牌的贫国，更是图腾性品牌的贫国，所以我们简称为贫品国。没有一个强有力的品牌战略，锻造不出图腾性的品牌；当然，没有图腾性的品牌，永远成就不了品牌大国。所以我觉得品牌是

一个非常重要的理念，图腾性的品牌是一个更重要的理念。”他认为，图腾性品牌的核心是品牌的文化内涵，应当以丰富的联想，可以体验的故事，特殊的文化价值，经常担纲随潮流而动的历史性角色。

（资料来源：网络搜索公开资料）

七、品牌创新策略

品牌创新策略是指企业改进或合并原有品牌，设立新品牌的策略。品牌创新有两种方式：一是渐变，使新品牌与旧品牌造型接近，随着市场的发展而逐步改变品牌，以适应消费者的心理变化，这种方式花费很少，又可保持原有商誉；二是突变，舍弃原有品牌，采用最新设计的全新品牌。

例如，上汽大众的新领驭就是改变帕萨特 B5，采用全新设计的新品牌。这种方式能引起消费者的兴趣，但新品牌需要大量广告费用的支持。

八、品牌延伸策划

品牌延伸是品牌集中的实现方式。品牌延伸包括两种类型：一种是产品线品牌延伸，用原品牌推出新产品项目；另一种是新产品品牌延伸，它是用原品牌推出新产品，把原品牌延伸到新产品类别。

品牌延伸有利于迅速提高消费者对新产品的认知率，能使新产品顺利地进入市场；有利于新产品避开市场风险，降低市场导入成本；有利于提升品牌整体形象，提高品牌整体效益。

1. 品牌纵向延伸

在某个品牌获得成功后，推出该品牌新的经过改进的产品，接着再推出该品牌更新的产品，向纵向不断延伸，汽车行业常常使用这种做法，如桑塔纳 2000、桑塔纳 3000。品牌纵向延伸的特点是有所变化的同一产品始终使用同一品牌，巩固企业在该市场领域的地位。

2. 品牌产品升级

品牌升级是品牌延伸的重要途径，对于打造品牌形象、巩固品牌地位有着重要作用。2009 年，中国自主品牌的三大企业：比亚迪、吉利、奇瑞均完成了产品的升级。比亚迪 G3、吉利帝豪 EC718、奇瑞 A3 纷纷登场，目的就在于以产品升级带动品牌升级，提升自己的品牌形象。

3. 品牌的横向延伸

品牌的横向延伸就是把成功的品牌用于新开发的不同产品。例如，比亚迪公司开发电动汽车；通用汽车公司开发小排量汽车等。

九、品牌传播策划

所有的品牌形象只有得到社会普遍认同才能够成为真正的品牌，这就需要对品牌进行有效的传播。现代社会，信息高度发达，传播方式十分丰富。

1. 品牌人员推广传播

品牌人员推广传播是一种口碑传播，是品牌传播最直接、最有力的方式。人员推广传播是指直接由营销人员通过上门推广、巡回展销、现场订货、演出宣传、展厅销售、销售服务等直接方式传播品牌。利用营销人员直接的营销过程传播品牌的优点有针对性强、感知性强、互动性强、灵活多变、生动具体、情感体验真切。不足之处是费用高昂、传播速度慢、传播范围不广且传播效果受营销人员个体素质的影响较大。

2. 品牌广告媒体传播

品牌广告媒体传播包括动态媒体传播、静态媒体传播、网络媒体传播、综合方式传播等。

3. 品牌传播媒体评价

在品牌传播过程中要想取得良好的效果，必须考察和评价所选传播方式的基本特点。一般可以从传播媒体的权威性、覆盖面、触及率、毛感点、重复率、连续性、针对性和投入效益八个方面加以考察。

权威性是指媒体的影响力；覆盖面是指媒体传播信息可以到达并发挥影响的地域范围；触及率是指接收到品牌传播信息的人数占覆盖区域内总人数的百分比；毛感点是各项品牌信息推出后触及人数占总人数比例之和；重复率是指每一接收到品牌信息的人平均可以重复接收此项信息的数量；连续性是指各次品牌传播信息之间的联系和相互影响；针对性是指媒体信息到达目标受众的情况；投入效益是指得到的利益与投入经费之间的关系。

4. 品牌传播创意策划

创意是品牌营销策划的灵魂所在。品牌传播需要对品牌传播过程中的各个细节和内容进行创意设计。所谓创意就是准确地、创造性地表达出品牌形象设计的意图，让绝大多数的目标消费者易于感知并乐于认同。

创意的精髓是“巧”，但绝不是天马行空。创意必须遵循一定的原则，符合主题要求。品牌营销策划中的综合创意，是对品牌营销活动中的综合内容和过程的创意，只有这样创意才能符合成功塑造品牌形象的要求。

本章小结

开展汽车产品策划必须完整理解产品，应对市场需求开发新产品，合理运用汽车产品组合策略，按照汽车产品生命周期规律策划营销活动，采用有竞争力的品牌策略，努力进行品牌推广。

作业与训练

一、复习思考题

1. 如何理解产品的整体概念？
2. 消费者对产品的实际理解是怎样的？
3. 产品定位的一般方法有哪些？
3. 简述产品生命周期各阶段特点和营销策略。
4. 简述产品组合的相关概念和汽车产品组合的类型。
5. 什么是新产品？新产品怎样进行分类？
6. 详细阐述新产品的推广策略。
7. 简述品牌的概念和功能。
8. 阐述品牌形象与企业形象的联系与区别。

9. 阐述品牌形象的构成内容和有形要素。

二、判断题

1. 产品是指人们通过购买而获得的能够满足某种需求和欲望的物品的总和。（　　）

2. 产品就其结构来讲包括核心产品、期望产品、有形产品、附加产品和潜在产品五个层次。（　）

3. 采用问题定位法对产品进行定位时，产品的差异性非常重要。（　　）

4. 导入期的产品刚刚投入市场，少数追求新奇的顾客可能购买，但大多数顾客对产品还不了解，所以销售量比较低。（　　）

5. 品牌创新策略是指企业改进或合并原有品牌，设立新品牌的策略：一是渐变，使新品牌与旧品牌造型接近，随着市场的发展而逐步改变品牌，以适应消费者的心理变化；二是突变，舍弃原有品牌，采用最新设计的全新品牌。（　　）

6. 创意就是天马行空。（　　）

三、实训项目：计算机汽车产品信息采集与分析实训

1. 对应知识

汽车产品策划。

2. 实训要求

在计算机上采集3家汽车制造商生产的全部产品，分析其所使用的产品组合策略。

3. 实训目的

通过实训加深对汽车产品的社会经济价值认识，通过产品分析评价相关企业所使用的基本策略；通过汽车制造商产品开发的实例说明其应用汽车产品组合决策原则的情况。

4. 执行提示

1）事先落实上机教室，检查网线连接情况。

2）事先印制好“汽车制造商产品组合策略分析表”；布置实训要求，采集3家汽车制造商生产的全部产品，分析其所使用的产品组合策略。

3）分析其所使用的产品组合策略，下发“汽车制造商产品组合策略分析表”。

4）教师对数据采集进行技术指导。

5）学生上机、填写“汽车制造商产品组合策略分析表”。

6）组织若干学生交流实训报告。

7）教师小结，并给学生以鼓励性评价。

第四章

汽车价格策划

【学习目标】

1）了解影响价格的客观因素

2）熟悉汽车的价格体系

3）熟悉汽车的定价目标

4）熟悉汽车的定价程序

5）熟悉汽车的定价方法

6）理解汽车价格策划原则

7）熟悉汽车价格策划程序

8）熟悉汽车新产品定价策略

9）能运用所学知识为汽车商品进行合理定价

10）价格变动时能够采取正确的对策

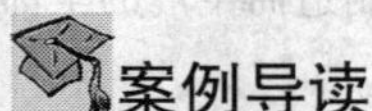

案例导读

英朗向左、标致408向右，价格策略深藏玄机

2010年1月下旬，上海通用别克英朗和东风标致408两款中级轿车的主力车型加入激烈的市场竞争，但是在价格策略上，两者却采取了截然不同的策略。

2010年1月21日亮相的别克英朗轿车以13.49万元的高价入市，让业界一片哗然。一个有趣的细节显示与会经销商的失落之情，就在上海通用公司总经理丁磊宣布完英朗轿车的价格之后，期待中的鼓掌和喝彩声并没有预料当中的预期而至，丁磊无不调侃地说："英朗的市场信心，可能要取决于各位的掌声！"会场的掌声这才稀稀落落地响起。

上海通用公司为别克英朗制定了一个保守的价格，但是并非所有的厂家都会跟随，随后的2010年1月25日，东风标致公司宣布408上市，其中1.6L的轿车价格最低12.19万元，2.0L的轿车最低价格下探到12.99万元，这个价格的进攻性和别克英朗的保守形成鲜明的对比。

当前，上海通用和东风标致在国内市场上是两个地位全然不同的公司，所以，两者采用截然相反的价格策略并不奇怪。已经稳居市场前三位的上海通用公司刚刚度过一个轻松加愉快的2009年，公司旗下各款车型在2009年的下半年大多数时候一车难求，尤其是紧俏的别克君威轿车和雪佛兰科鲁兹轿车。

早在2009年年中的时候，逐渐摆脱低迷的上海通用公司开始一改别克君威轿车的价格

策略，因为2008年12月份上市的新君威轿车以17.99万元的起价，导致当前新君威轿车的60%以上销售量都集中在20万元以下的2.0L低排量车型，新君威的品牌地位并未随着销售量一起攀上，所以，上海通用公司决定开始改变。在2009年年中，新君威推出2.0T轿车和1.6T轿车的时候，1.6T轿车以19.99万元的诧异价格上市，已经正式宣告了上海通用公司提升新君威价格体系的努力。

所以，英朗价格预期并不能指望和2010年1月11日上市的新赛欧那样震撼。这并不奇怪，对于赛欧来说，它的战略使命是抢占6万元左右、目前尚属合资品牌的空白市场；而英朗呢？只是对于凯越HRV所在的中级两厢车市场的补缺。

但是，即使如此，13.49万元的起价仍然高出所有人的预期。这说明：在度过辉煌的2009年之后，上海通用公司的心态开始发生微妙的变化，从此前的进攻者到如今的防守者，上海通用公司的变化已经从产品差异化价格制定上开始初显端倪。

和上海通用经销商的失落相映成趣的是：在东风标致法方总经理宣布完标致408轿车的价格之后，会场内的经销商爆发出持续一分钟以上的掌声并夹杂着欢呼声。

东风标致公司的策略显然大不同，作为一个一直位居二线的跟随品牌，东风标致公司的产品线和品牌知名度显然无法和上海通用以及大众品牌相媲美。所以，跟随的东风标致公司必须采取更加进攻性的价格以及市场策略。

虽然有所预料，但是最终出炉的东风标致408轿车的价格仍然让人有些震惊，也不得不佩服东风标致公司作为后进者的大胆。且不说12.99万元的2.0L轿车价格是主流合资品牌这个排量价格的新低，而且，1.6L标致408轿车以12.19万元的价格，直插竞争对手卡罗拉、轩逸、速腾和思域等高端中级车的最后方——进攻性已经一览无余。

“东风标致408是一个求量的产品，所以价格的吸引力将是关键。”在东风标致当家人雷新看来，标致408是他任上的第一款车型，“只许成功，不容失败”的压力之下，雷新对于价格的看重程度可见一斑。

对于品牌力不足的东风标致公司来说，目前仅有307和207两款车型销售，由于车型数量不多，加之缺乏中高端车型，东风标致公司多年来在品牌和销售量上未有大的突破，所以，只有保证每一款上市销售的车型必须拥有一定的数量，同时利用标致品牌的差异化优势，保证这个品牌的持续竞争力，这也使得东风标致旗下的车型在价格执行上都几乎采取相对激进的营销策略。

同一时间上市的两款重量级车型，英朗轿车向左、而标致408轿车向右的策略，看似简单，个中深藏玄机，耐人寻味。

（材料来源：“第一财经日报”）

学习本章的目的是掌握：

1）价格是商品价值的货币表现，是商品与货币交换比例的指数，也是商品经济特有的一个重要经济范畴。

2）在影响消费者心理与行为的诸多因素中，价格是最具刺激性、敏感性的因素之一。

3）研究价格问题的目的是掌握消费者对价格及其变动的心理反应与活动规律，进行确有成效的价格策划，制订出既符合消费者需求，又能增加企业效益的价格。

第一节 汽车定价原理

一、影响价格的客观因素

1. 商品价值对价格的影响

商品价值是凝结于商品中的社会必要劳动量，这是商品价格的内在决定因素。

值得注意的是，21 世纪是消费者的“梦幻消费时代”，生理上的特质满足已不是诉求的重点。心理上、情感上、心灵上的“造梦”，才是消费者整体满足的中心点。

产品价格的成分中，特质成本越来越低，服务、品牌、信任、安全、舒适、方便、速度、愉快、省时、有趣、刺激、有效、合适、准时、时髦、流行等成分才是价格组成的主要部分。

2. 供求关系对价格的影响

供求关系是决定价格的重要因素。

(1) 需求对价格的影响　供求关系影响价格，首先表现在需求对价格的影响上。需求既是一种愿望，又是一种能力。需求对商品价格的影响是指消费者在某一时间点上和某一价格条件下对某种商品或劳务愿意购买并能够购买的数量，它受商品本身的价格，相关商品的价格，消费者的个人偏好、预期、收入水平的影响。

(2) 供给对价格的影响　供求关系影响价格，其次表现在供给对商品价格的影响。供给与需求相对应，同样既是一种供给能力，又是一种供给欲望，是指在一定时期内，生产者在一定价格条件下愿意并且能够提供的某种商品或劳务的数量。

商品价格与预期主要影响供给欲望，生产要素的价格与技术水平主要影响供给能力。在卖方市场条件下，商品短缺、供不应求，购买者争相购买，卖者在市场中起主导作用，在交易中处于有利地位，即使提高价格也能把商品卖出去。

但在买方市场条件下，商品过剩、供过于求，买方处于有利地位，购买者对商品的选择余地大，虽有支付能力，但往往持币待购，等到出现预期的情境时才会购买。买方市场条件下，卖方不得不按照消费者的预期降低价格卖出商品，以减少库存。

3. 货币价值对价格的影响

货币是价值的符号，价格是以货币形式表现的价值。影响价格变动的内在因素有商品的价值量和货币的价值量。

在币值不变的条件下，商品的价值量增加，价格上升；商品的价值量减少，价格下降；在价值量不变的条件下，货币价值量增加，价格下降；货币价值量下降，价格上升。币值稳定，价格也稳定。如果纸币发行量超过了流通中实际需要的货币量，可能引起货币贬值，导致通货膨胀。反之，纸币发行量低于流通中实际需要的货币量，则可能导致市场不景气，经济萎缩。

4. 市场竞争对价格的影响

从理论上讲，产品价格是由企业自身决定的，但事实上产品价格在很大程度上要受到生产者竞争和消费者竞争竞争强度的影响。为了应对市场竞争，不少企业会调整价格，以在市场上争取主动。市场竞争与价格竞争不可分割。

价格竞争是指企业运用价格手段，通过价格的提高、维持或降低，以及对竞争者定价或变价的灵活反应，与竞争者争夺市场份额。价格竞争易于仿效，很容易招致竞争对手以牙还牙的报复，以致两败俱伤，最终不能提高经济效益。引发价格竞争的主要原因是市场竞争，目的可能出于迅速提升市场占有率，清理库存，回笼资金，攻击、防卫竞争产品等。

5. 国家政策对价格的影响

国家政策对价格的影响是宏观调控的重要内容，它对商品价格的影响是综合的，既考虑国家经济的宏观形势，又考虑商品的生产成本，也就是商品的价值；既有政治因素又有经济因素；既考虑供求关系又考虑商品价值；既考虑国家利益又考虑厂商和消费者利益。

国家政策对汽车价格形成包括直接影响和间接影响两个部分。例如，对于不同排量汽车的消费税、车船税政策，并没有直接对汽车的价格进行干预，但它间接影响汽车的价格。又如，国家对新能源汽车、汽车下乡、老旧汽车报废更新的政策都会直接影响某些汽车的价格形成与确定。

另外，对关系到国计民生的重要产品，特殊的高档消费品，以及在国家遇到特殊困难和战争情况时，国家也会对商品价格进行直接干预。

6. 国际价格对国内价格的影响

随着中国经济对外开放程度的提高，国际价格必然会对国内价格产生更多的影响。开放程度的提高意味着越来越多的商品可以进行跨国贸易，因而国内价格有向国际价格靠近的趋势，总体物价水平开始遵循“一价定律”。

国外物价上涨首先传递给国内的进口价格。国内价格除受国外价格影响之外，同时受汇率以及国内经济状况和货币政策的影响。汇率直接影响本国的进口价格，进而影响国内的生产者价格指数（PPI）和消费品价格指数（CPI）。

例如，进口品是消费品，在一价定律和价格示范效应的作用下，国内同类消费品价格也会相应上涨。

7. 影响汽车价格的其他因素

影响汽车价格的因素，除了以上宏观表现外，还涉及许多微观的因素。例如，汽车成本，包括生产、流通过程中耗费的物化劳动和活劳动；汽车特征对消费者的吸引力；汽车市场结构、汽车企业销售渠道和促销宣传；以及汽车企业的整体营销战略与策略都会对汽车产品的定价产生影响。

二、汽车价格体系

1. 汽车价格的构成

汽车价格的构成是指组成汽车价格的各个要素及其在汽车价格中的组成情况。汽车价值决定汽车价格，汽车价格是汽车价值的货币表现。在价格形态上，汽车价值转化为汽车价格的构成是汽车生产成本、汽车流通费用、国家税金和汽车企业利润四个要素。各类汽车价格的具体构成是：

1）汽车出厂价格。汽车出厂价格等于汽车生产成本与汽车生产企业的利税之和。

2）汽车批发价格。汽车批发价格等于汽车出厂价格与汽车批发流通费用及汽车批发企业的利税之和。

3）汽车直售价格。汽车直售价格等于汽车批发价格与汽车直售费用及汽车直售企业的利税之和。

2. 汽车价格体系的含义

汽车价格体系是指在国家整个汽车市场中，各种汽车价格之间相互关系的总和。

从价格学的角度来看，价格体系一般分为三个分体系，即比价体系，差价体系，体现我国价格管理体制的各种价格形式体系。

从汽车市场营销学的角度来看，汽车市场营销中的汽车价格体系主要是指差价体系。汽车差价是指同种汽车因为购销环节、购销地区、购销季节以及汽车质量不同而形成的价格差异，它可以由此分为汽车购销差价、汽车批零差价、汽车地区差价、汽车季节差价和汽车质量差价等几种差价。正确认识和掌握汽车产品的差价体系，对于促进汽车生产发展、扩大汽车产品流通、减少汽车流通环节、降低汽车流通费用、提高汽车经济效益有着非常积极的作用。

三、汽车定价目标

1. 以利润为导向的汽车定价目标

利润是汽车企业存在和发展的必要条件，也是汽车企业营销所追求的基本目标之一，汽车企业一般都把利润作为重要的汽车定价目标，这样的目标主要有三种：

1）利润最大化目标。以最大利润为汽车定价目标，指的是汽车企业期望获取最大限度的销售利润。一般来说，汽车企业追求的是长期利润的最大化，在某些特定的情况下，汽车企业也有可能会通过汽车价格的提高而追求汽车企业短期的最大利润。

2）目标利润。以预期的利润作为汽车定价目标就是汽车企业把某项汽车产品或投资的预期利润水平，规定为汽车销售额或投资额的一定百分比，即汽车销售利润率或汽车投资利润率。汽车新品种的开发和上市等汽车企业活动都将引起投资的增加，因而新近投资的回收和报酬是汽车企业定价时所必须要考虑到的因素。

3）适当利润目标。有些汽车企业为了保全自己，减少市场风险，或者限于实力不足，以满足适当利润作为汽车定价目标。这种情况多见于处于市场追随者地位的中小型汽车企业。适当利润目标的限度可以随着汽车产销量的变化，投资者的要求和汽车市场可以接受的程度变化等因素有所变化。

2. 以销售量为导向的汽车定价目标

这种汽车定价目标是指汽车企业希望获得某种水平的汽车销售量或汽车市场占有率而确定的目标。

1）保持或扩大汽车市场占有率。汽车市场占有率是汽车企业经营状况和汽车产品在汽车市场上的竞争能力的直接反映，对于汽车企业的生存和发展具有重要意义。因为汽车的市场占有率与汽车企业的利润有着很强的关联性，而汽车市场占有率一般比最大利润容易测定，也更能体现汽车企业的努力方向。

因此，有时汽车企业把保持或扩大汽车市场占有率看得非常重要。许多资金雄厚的大型汽车企业，喜欢以低价渗透的方式来建立一定的汽车市场占有率；一些中小型企业为了在某一细分汽车市场获得一定优势，也十分注重扩大汽车市场占有率。然而，汽车市场占有率的提高并不一定会带来汽车企业利润的增加。

一般来讲，只有当汽车企业处于以下几种情况下，才适合采用低价渗透的定价目标：该

汽车的价格需求弹性较大，低价会促使汽车市场份额的扩大；汽车成本随着销售量增加呈现逐渐下降的趋势，而利润有逐渐上升的可能；低价能阻止现有和可能出现的竞争者；汽车企业有雄厚的实力能承受低价所造成的经济损失；采用进攻型经营策略的汽车企业。

2）增加汽车销售量。这是指以增加或扩大现有汽车销售量为汽车定价目标。这种方法一般适用于汽车的价格需求弹性较大，汽车企业开工不足，生产能力过剩，只要降低汽车价格，就能扩大销售，使单位固定成本降低，汽车企业总利润增加的情况。

3. 以适应竞争为导向的汽车定价目标

汽车企业在制定价格时一般都会研究竞争对手的价格。在汽车市场竞争中，大多数竞争对手对汽车价格都很敏感。在汽车定价以前，一般要广泛收集市场信息，把自己生产的汽车的性能、质量和成本与竞争对手的汽车进行比较，然后以对汽车价格有决定性影响的竞争对手或汽车市场领导者的价格为基础，来制定本企业的汽车价格。

通常采用的方法有：一是与竞争者同价；二是高于竞争者的价格；三是低于竞争者的价格。

汽车企业在遇到同行价格竞争时，常常会被迫采取相应对策。例如，竞相削价、压倒对方；及时调价、价位对等；提高价格、树立威望。

在现代市场竞争中，价格战容易使双方两败俱伤，风险较大。所以，很多企业往往会开展非价格竞争，如在汽车质量、促销、分销和服务等方面下工夫，以巩固和扩大自己的汽车市场份额。

4. 以质量为导向的汽车定价目标

这是指汽车企业要在市场上树立汽车质量领先地位的目标，而在汽车价格上做出的反应。优质优价是一般的市场供求准则，研究和开发优质汽车必然要支付较高的成本，自然要求以高的汽车价格得到回报。

从长远来看，在一个完善的汽车市场体系中，高价格的汽车自然代表或反映着汽车的高性能、高质量及汽车企业所能提供的优质服务。

采取以汽车质量为导向的定价目标的汽车企业必须具备以下两个条件：一是生产高性能、高质量的汽车；二是提供优质的服务。

5. 以生存为导向的汽车定价目标

当汽车企业遇到生产能力过剩或激烈的市场竞争要改变消费者的需求时，它要把维持生存作为自己的主要目标，生存比利润更重要。这时的汽车企业往往会采取大规模的价格折扣来保持汽车企业的活力和生命力。对于这种汽车企业来讲，只要他们的汽车价格能够弥补变动成本和一部分固定成本，即汽车单价大于汽车企业变动成本，他们就能够维持汽车企业的生存。

6. 以销售渠道为导向的定价目标

对需要中间商销售汽车的汽车企业来说，保持汽车销售渠道畅通无阻是保证汽车企业获得良好经营效果的重要条件之一。为了使得销售渠道畅通，汽车企业必须研究汽车价格对中间商的影响，充分考虑中间商的利益，保证中间商有合理的利润，促使中间商有充分的积极性去销售汽车。

四、汽车定价程序

汽车企业在汽车新产品投放市场或者在市场环境发生变化时，需要制定或调整汽车价格，以利于汽车企业营销目标的实现。由于汽车价格涉及汽车企业、竞争者、汽车消费者三者之间的利益。掌握汽车定价的一般程序，对于制定合理的汽车价格是十分重要的。

1. 明确汽车目标市场

在汽车定价时，首先要明确汽车目标市场，汽车目标市场是汽车企业生产的汽车所要进入的市场。具体来讲，就是谁是本企业汽车的消费者。汽车目标市场不同，汽车定价的水平就不同。分析汽车目标市场一般要分析：该汽车市场消费者的基本特征、需求目标、需求强度、潜在需求量、购买力水平和风俗习惯等情况。

2. 分析影响汽车定价的因素

（1）汽车产品特征　汽车产品是汽车企业整个营销活动的基础，在汽车定价前，必须对汽车进行具体分析。主要分析汽车产品的寿命周期、性能、质量、对购买者的吸引力、成本水平和需求弹性等。

（2）市场竞争状况　在竞争的汽车市场中，任何汽车企业为汽车定价或调价时，必然会引起竞争者的关注，为使汽车价格具有竞争力和盈利能力，汽车定价或调价前，对竞争者主要进行如下分析：同类汽车市场中主要竞争者是谁，其汽车产品特征与汽车价格水平如何，各类竞争者的竞争实力如何等。

（3）货币价值　汽车价格是汽车价值的货币表现，汽车价格不仅取决于汽车价值量的大小，而且还取决于货币价值量的大小。

（4）政策和法规　国家的经济政策和法规对汽车企业定价有约束作用，因此，汽车企业在定价前一定要了解政府对汽车定价方面的有关政策和法规。

3. 确定汽车定价目标

汽车定价目标是在对汽车目标市场和影响汽车定价因素综合分析的基础上确定的。汽车定价目标是合理定价的关键。不同汽车企业、不同的汽车经营环境和不同汽车经营时期，其汽车定价目标是不同的。在某个时期，对汽车企业生存与发展影响最大的因素通常会被作为汽车定价目标。

4. 选择汽车定价方法

汽车定价方法是在特定的汽车定价目标指导下，根据对成本、供求、汽车企业产销能力等一系列基本因素的研究，运用价格决策理论，对汽车产品价格进行计算的具体方法。汽车定价方法一般有三种，即以成本为中心的汽车定价方法、以需求为中心的汽车定价方法和以竞争为中心的汽车定价方法。这三种方法能适应不同的汽车定价目标，汽车企业应根据实际情况择优使用。

5. 确定汽车定价策略

汽车定价策略主要有汽车新产品定价策略、折扣和折让定价策略和针对汽车消费者心理的定价策略。在激烈的汽车市场竞争中，汽车企业为了实现自己的营销战略和目标，必须根据产品特点、市场需求及竞争情况，采取各种灵活多变的汽车定价策略，使汽车定价策略与汽车市场营销组合中的其他策略更好地结合，促使和扩大汽车销售，提高汽车企业的整体效益。

6. 最后确定汽车价格

确定汽车价格要以汽车定价目标为指导，选择合理的汽车定价方法，同时也要考虑其他因素，如汽车消费者心理因素、汽车产品新老程度等。最后经分析、判断以及计算活动，为

汽车产品确定合理的价格。

五、汽车定价方法

汽车定价方法是指汽车企业为了在目标市场上实现定价目标，而给汽车产品制定一个基本价格或浮动范围的方法。汽车定价的方法主要有汽车成本导向定价法、汽车需求导向定价法和汽车竞争导向定价法三种。

1. 汽车成本导向定价

汽车成本导向定价法就是以汽车成本为基础，加上一定的利润和应纳税金来制定汽车价格的方法。常用的以汽车成本为基础的定价方法主要有以下两种：

（1）汽车成本加成定价法　汽车成本加成定价法是一种最简单的汽车定价方法，即在单台汽车成本的基础上，加上一定比例的预期利润作为汽车产品的售价。售价与成本之间的差额就是利润。

汽车成本加成定价法的计算公式如下：

$$汽车成本利润率=\left(\frac{要求达到的总利润}{总成本}\right)\times 100\%$$

例如：设某个汽车企业一年要求达到的总利润为6 000万元，总成本是30 000万元，只生产某种汽车产品2 000台，产品税率为10%。

计算结果是：　$$成本利润率=\frac{6\ 000}{30\ 000}\times 100\%=20\%$$

汽车成本加成定价法的优点是：

1）能使汽车企业的全部成本得到补偿，并有一定的盈利，使汽车企业的再生产能继续进行。

2）这种计算方法简便易行，由于确定汽车成本比确定汽车需求容易，因而将汽车的价格盯住汽车成本，可以极大地简化汽车企业的定价程序，同时也使汽车企业不必经常根据汽车需求的变化来调整汽车的价格。

3）有利于国家和有关部门通过规定成本利润率，对汽车企业的汽车价格进行监督。

4）如果汽车行业都采用此法，就可缓解汽车价格竞争，保持汽车市场价格的稳定。

汽车成本加成定价法的缺点是：

1）由于汽车成本加成定价法忽视了汽车市场的需求和竞争对手的价格，只反映生产经营中的劳动耗费。因此，根据这种方法制定的汽车价格必然缺乏对汽车市场供求关系变化的适应能力，不利于增强汽车企业的市场竞争力。

2）汽车企业成本是企业的个别成本，而不是正常生产合理经营下的社会成本，因此，有可能包含不正常、不合理的费用开支。

3）这种定价方法是以卖方的利益为出发点的，它不利于汽车企业降低成本；另外，加成率只是一个估算值，缺乏科学性。

为此，这种定价法主要适用于汽车生产经营处于合理状态下的企业和供求大致平衡、成本较稳定的汽车产品。

（2）汽车目标成本定价法　目标成本定价法是指汽车企业以经过一定努力预期能够达到的目标成本为定价依据，加上一定的目标利润和应纳税金来制定汽车价格的方法。这里，目标成本与定价时的实际成本不同，它是企业在充分考虑未来营销环境变化的基础上，为实现企业的经营目标而拟定的一种预期成本，一般都低于定价时的实际成本。

汽车目标成本定价法计算公式如下：

$$汽车目标成本利润率=\left(\frac{要求达到的总利润目标成本}{目标产销量}\right)\times 100\%$$

汽车目标成本定价法的特点是：汽车目标成本的确定要同时受到价格、税率和利润要求的多重制约，即汽车价格应确保市场能容纳目标产销量，扣税后销售总收入在补偿按目标产销量计算的全部成本后能为汽车企业提供预期的利润。此外，汽车目标成本还要充分考虑原材料、工资等成本价格变化的因素。

汽车目标成本定价法是为谋求长远和总体利益服务的，较适用于经济实力雄厚、生产和经营有较大发展前途的汽车企业，尤其适用于新产品的定价。采用汽车目标成本定价法有助于汽车企业开拓市场、降低成本、提高设备利用率，从而提高汽车企业的经济效益和社会效益。

2. 汽车需求导向定价

汽车需求导向定价法以需求为中心，汽车企业依据汽车消费者对汽车价值的理解和对汽车需求的差别来定价，而不是依据汽车的成本来定价。

（1）汽车价值理解定价法　汽车价值理解定价法指汽车企业按照汽车消费者对汽车价值的理解来制定汽车价格，而不是根据汽车企业生产汽车的实际价值来定价。在对汽车定价时，要先估计和测量出由汽车营销组合中的非价格因素在顾客心目中建立起来的对该汽车的认知价值。

汽车价值理解定价法同汽车在市场上的定位是相联系的。其方法是：先从汽车的质量、提供的服务等方面为汽车在目标市场上定价，决定汽车所能达到的售价，估计在此价格下的汽车销售量，由汽车销售量算出所需的汽车生产量、投资额及单辆汽车成本，计算该汽车是否能达到预期的利润，以此来确定该汽车价格是否合理，并可进一步判明该汽车在市场上的前景如何。

（2）汽车需求差别定价法　汽车需求差别定价法是指根据对汽车需求方面的差别来制定汽车的价格。这种汽车定价的方法首先是要适应消费者的不同特性，而将汽车成本的补偿置于次要的位置。采用这种汽车定价方法，可以使汽车企业的定价最大限度地符合汽车市场的需求，从而促进汽车销售。

汽车需求差别定价法能反映汽车消费者对汽车需求的差别及变化，有助于提高汽车企业的市场占有率。但这种定价法不利于成本控制，且需求的差别不易精确估计。

3. 汽车竞争导向定价

汽车竞争导向定价法是依据竞争者的价格来定价，使本汽车企业的价格与竞争者价格相类似或保持一定的距离。这是一种汽车企业为了应付汽车市场竞争的需要而采取的特殊的定价方法。这种汽车定价方法的特点在于汽车的价格不与汽车的成本或需求发生直接关系。汽车竞争导向定价法主要有以下四种方法。

1）随行就市定价法。随行就市定价法即以同类汽车产品的平均价格作为汽车企业定价的基础。这种方法适合于汽车企业既难于对消费者和竞争者的反应做出准确的估计，又难于另行定价时运用。

采取随行就市定价法并不是要汽车企业采取与竞争对手完全一样的汽车定价策略。汽车企业在制定汽车价格时，要有别于其他竞争对手，而汽车企业的市场营销策略也要与之相协调，以应付竞争对手的价格竞争。

2）相关商品比价定价法。相关商品比价定价法即以同类汽车产品中消费者认可某品牌汽车的价格作为依据，结合本企业汽车产品与消费者认可的汽车成本差率或质量差率来制定汽车价格。

3）竞争投标定价法。汽车交易中，可采用招标、投标的方式。由一个卖主（或买主）对两个以上并相互竞争的潜在买主（或卖主）出价（或要价）择优成交的定价方法称为竞争投标定价法。此定价法主要在政府处理走私没收汽车和企业处理多余汽车时采用。

4）拍卖定价法。拍卖定价法是由汽车卖方委托拍卖行，以公开叫卖的方式来引导汽车买方报价，利用汽车买方竞争求购的心理，从中选择最高汽车价格来成交。汽车的拍卖定价法一般多用于二手车的交易中。

第二节　汽车价格策划分析

一、汽车价格策划原则

1. 整体原则

价格策划是指企业为了实现一定的营销目标而协调处理各种价格关系的活动，它不仅是指价格的制定，而且是指在一定的环境条件下，为了实现特定的营销目标，协调配合营销组合的其他各有关方面，构思、选择并在实施过程中不断修正价格战略和策略的全过程。

价格策划必须从整体出发，根据不断变化的内、外部环境与条件，对原有的战略、政策及策略进行适时、适当的修正或调整。这是保证价格策划有效性的基本条件。

2. 背景原则

进行价格策划要以市场和整个企业为背景，将企业内部的价格策划工作作为一个整体来看待。价格策划要注意各个局部之间的协调，把握策划的整体性和系统性。

以市场为背景是指联系市场状况，把价格策划建立在对现有竞争者和潜在竞争者的状况分析上，以及竞争者对本企业行为可能产生的反应进行全面清醒分析的基础上。

以企业为背景是指要考虑企业资源限制和资源优势，考虑到企业价格工作与其他各项工作的衔接，不能脱离企业的背景独立进行价格策划。

3. 协调原则

协调原则是指要处理好不同产品或服务价格的协调，同一产品或服务价格的协调，具体价格制定与整体企业价格政策的协调。这是进行价格策划的基本前提。

4. 动态原则

价格策划必须要有动态观念。在营销活动中，从来不存在一种适合于任何企业、任何市场情形的战略、政策和策略。

成功的价格策划必须适应市场的客观变化和它的区间适应性，而且与企业经营总体目标相一致。

成功的价格策划还要立足历史和现实，更要放眼未来。尽管价格调整较其他营销策略的调整简单，但仍然需要注重对未来的分析，包括对竞争者的未来状况、消费者的未来状况、企业未来可以使用的资源状况等的分析，以保证价格策划具有强大生命力。

另外，成功的价格策划还要考虑选择最佳时机，适时变动。

5. 出奇制胜原则

出奇制胜意为用对方意料不到的方法取得胜利，这是汽车价格策划的重要技巧。在大多数企业采用一以贯之的汽车定价策略时，以对手和市场难以预料的方法进行价格策划，可以取得意料不到的好效果。

例如，当相当多的企业纷纷采用降价策略时，某品牌汽车在坚持市场价格的同时，将其中可以降价的空间部分让给经销商，对外彰显了“一分价钱一分货”的形象，而对内则扩大了经销商的利益，调动了经销商的积极性。此计可谓一举两得。

二、汽车价格策划程序

1. 选择定价目标

进行价格策划首先要确定定价目标，明确价格策划究竟是为了达成利润目标、销量目标，还是竞争目标。

2. 核算产品成本

产品的生产过程是活劳动和物化劳动的消耗过程，工业企业在一定时期内为进行生产活动所发生的全部费用，即用货币形式表现的生产耗费就是该时期的生产费用。为生产一定种类和数量的产品所支出的生产费用总和，就是产品成本。

任何价格策划不可能脱离成本的思考，有些企业盲目追求市场占有率而忽视了利润占有率，这与企业的宗旨不符，也不符合价格策划的基本目的。

3. 调查和预测竞争者的反应

企业在进行价格策划时，不仅要考虑购买者的反应，而且要考虑竞争者的反应。特别是当某一行业中企业数目很少，又是提供同质产品，从而购买者颇具辨别力与相关产品与价格知识时，竞争者的反应就显得越加重要。

4. 选择定价方法

明确了产品成本、进行价格策划的目标和竞争者的反应，就可以根据产品的特质、市场定位、市场地位等各种情况，选择定价方法进行价格策划。

5. 确定定价策略

确定定价策略必须明确定价与产品的关系，包括定价与销售渠道的关系，定价与促销的关系，目的是使价格策划更加有利于刺激消费者的购买欲望；有利于调动经销商的积极性；有利于企业销售目标的达成。

6. 确定最终价格

确定最终价格是汽车产品价格策划的结果，成功与否必须接受市场的检验。在汽车市场上，经常可以看到有些产品由于定价不妥或价格变动不及时、不适合市场的客观状况与变化，结果导致销售不畅、市场地位发生消极变化的例子，应当引以为戒。

三、汽车定价策略

汽车价格竞争是一种十分重要的汽车营销手段，正确采用汽车定价策略是汽车企业取得

汽车市场竞争优势地位的重要手段。

汽车企业要实现既定的汽车营销目标，不仅要研究汽车定价的方法，还要研究汽车定价的策略。在激烈的汽车市场竞争中，汽车企业为了实现自己的营销战略和目标，必须根据产品特点、市场需求及竞争情况，采取灵活多变的汽车定价策略，使汽车定价策略与汽车市场营销组合中的其他策略更好地结合，促进和扩大汽车销售，提高汽车企业的整体效益。

1. 汽车新产品定价策略

汽车新产品定价策略就是对汽车新产品所采取的定价策略。汽车新产品定价得当，就可能使该汽车新产品顺利进入市场，打开销路，占领市场，给企业带来利润；汽车新产品定价不当，则有可能使该新产品失败，从而影响汽车生产企业的效益。

（1）撇脂定价策略　它是一种汽车高价保利策略，是指在汽车新产品投放市场的初期，将汽车价格定得较高，以便在较短的时期内获得较高的利润，尽快地收回投资。采用这种汽车定价策略制定的汽车价格称为汽车撇脂价格或汽车撇油价格。

汽车撇脂定价策略的优点是：

1）新产品刚投放市场，需求弹性少，尚未有竞争者，因此，只要汽车新产品性能超群、质量过硬，就可以采取高价策略，来满足一些汽车消费者求新、求异的消费心理。

2）汽车产品价格较高，因而可以使汽车企业在较短时期内取得较大利润。

3）汽车产品价格较高，便于在竞争者大量进入市场时主动降价，增强竞争能力，同时，也符合消费者对价格由高到低的心理。

汽车撇脂定价策略的缺点是：

1）汽车新产品尚未建立起声誉时，高价不利于打开市场，一旦销售不利，汽车新产品就有夭折的风险。

2）高价投放市场销路旺盛，很容易引来竞争者，从而使汽车新产品的销路受到影响。

因此，在采用这种汽车定价策略时要注意它的适应条件。这种汽车定价策略一般适应于以下几种情况：

1）企业研制、开发的这种技术新、难度大、开发周期长的汽车新产品，用高价也不怕竞争者迅速进入市场。

2）汽车新产品有较大的市场需求，由于汽车是一次购买、享用多年，因而高价市场也能接受。

3）可以使汽车新产品一投入市场就树立起性能好、质量优的高档品牌形象。

4）生产能力有限或汽车企业并无意扩大汽车产量。

（2）渗透定价策略　渗透定价策略是指在汽车新产品投放市场时，将汽车价格定得较低，吸引大量的消费者，以便使消费者容易接受，很快打开和占领市场的一种策略。

汽车渗透定价策略的优点是：一方面可以利用低价迅速打开新产品的销路，占领市场，从多销中增加利润；另一方面，低价可以阻止竞争者进入，有利于控制市场。

汽车渗透定价策略的缺点是：投资的回收期较长，见效慢，风险大，一旦渗透失利，企业就会一败涂地。

下列情况适宜采取渗透定价策略：

1）这种汽车新产品所采用的技术已经公开，或者易于仿制，竞争者容易进入该市场。利用低价可以排斥竞争者，占领市场。

2）这种汽车新产品在市场上已有同类汽车产品，但是生产汽车新产品企业比生产同类汽车产品企业拥有较大的生产能力，并且该产品的规模效益显著，大量生产定会降低成本，收益有上升趋势。

3）这种汽车新产品在市场中供求基本平衡，市场需求对价格比较敏感，低价可以吸引较多消费者，可以扩大市场份额。

4）竞争或心理方面的考虑，汽车企业想尽快占领某块汽车市场以求在同行业中占据领先地位。

2. 折扣和折让定价策略

汽车的价格可以分为标价和成交价，标价是指汽车对外标明的价格，而成交价则是指汽车企业为了鼓励消费者购买，在汽车标价的基础上，相对地降低售价后得到的汽车价格，这种情况常发生于批发和提前付款时。

在汽车市场营销中，汽车企业为了竞争和实现经营战略的需要，经常对汽车价格采取折扣和折让的优惠政策，直接或间接地降低汽车价格，以争取消费者，扩大汽车销量。灵活运用折扣和折让策略，使汽车价格与汽车市场营销组合中的其他因素更好地配合，是提高汽车企业经济效益的重要途径。

具体来说，折扣和折让的一般做法有数量折扣、现金折扣、交易折扣、季节折扣、运费让价等。

3. 针对消费者心理的定价策略

针对消费者心理的定价策略是一种运用心理学原理，根据汽车消费者心理要求所采用的定价策略。通过汽车消费者对汽车产品的偏爱或忠诚，诱导消费者增加购买，扩大市场销售，获得最大效益。

（1）整数定价策略　汽车定价时往往定成整数，使其不带尾数。这种定价方法可以给消费者造成该款汽车属于高档汽车的印象，提高品牌形象，满足消费者显示身份的心理需求。

整数定价策略一般适用于档次较高、需求的价格弹性比较小、价格高低不会对需求产生较大影响的汽车产品。由于目前选购高档汽车的消费者一般都是高收入阶层，接受较高的整数价格不会产生异议。

（2）尾数定价策略　尾数定价策略是与整数定价策略相对的一种定价策略，它迎合汽车消费者求廉的心理，在汽车产品定价时，采取不取整数而带尾数的定价策略。带尾数的汽车价格在直观上会给消费者产生价格精准和便宜的感觉，可以提高消费者对该定价的信任度，从而激起消费者的购买欲望。尾数定价策略一般适用于档次较低的经济型汽车，这类汽车产品的价格高低会对需求产生较大影响。

（3）声望定价策略　声望定价策略是指根据汽车产品在消费者心目中的声望、信任度和社会地位来确定汽车价格的一种汽车定价策略。声望定价策略可以满足某些消费者的特殊欲望，如地位、身份、财富、名望和自我形象的彰显等，还可以通过高价格显示汽车的名贵、优质。声望定价策略一般适用于具有较高知名度、有较大市场影响的、深受市场欢迎的著名品牌的汽车。

（4）招徕定价策略　招徕定价策略是指把某种汽车产品的价格定得非常高，或者非常低，以引起消费者的好奇心理和观望行为，带动该企业其他汽车产品的销售。招徕定价策略

常为汽车超市、汽车专卖店所采用。

（5）分级定价策略　分级定价策略是指在定价时，把同类汽车分为几个等级，不同等级的汽车采用不同价格的一种汽车定价策略。这种定价策略能使消费者产生货真价实、按质论价的感觉，因而容易被消费者所接受。而且这些不同等级的汽车若同时提价，对消费者的心理冲击不会太大。但是，分级定价策略的等级的划分要适当，级差不能太大或太少，否则会起不到应有的分级效果。

小资料

斯柯达明锐 1.6L 各车型 2012 年 1 月报价见表 4-1。

表 4-1　斯柯达明锐 1.6L 各车型 2012 年 1 月报价

1.6L 斯柯达明锐	指导价/元	经销商报价/元
2012 款 1.6L 手动逸致版	12.34 万	10.49 万～13.32 万
2012 款 1.6L 手动逸杰版	12.85 万	10.92 万～13.53 万
2012 款 1.6L 手、自一体逸杰版	14.05 万	11.94 万～14.73 万
2012 款 1.6L 手动逸俊版	13.70 万	11.65 万～14.38 万
2012 款 1.6L 手、自一体逸俊版	14.90 万	12.67 万～15.58 万

（6）习惯定价策略　某些汽车产品一旦在消费者的心目中形成了一个较为稳定的习惯价格，这类汽车产品的价格稍有变动（尤其是提高价格）时，就会引起消费者的不满，容易使消费者产生抵触的心理。对于这类汽车产品，应当执行习惯定价策略，即基本遵循原有的定价机制，一般不宜轻易调价。

（7）幸运数字定价策略　幸运数字定价策略是根据消费者对某些数字的偏好，如认为“8”字可以带来“发”财、“发”达，认为“6”字可以事事如意、“六六”大顺等，采用相应的幸运数字作为定价依据，容易使消费者对该汽车产品产生心理上的良好感觉，可以为自己带来好运，从而诱使消费者购买汽车。这种定价策略常常被用于节日促销。幸运数字与节日的美好气氛相结合，更容易促进汽车的销售。

4. 价格竞争策划

（1）面对竞争对手为抢占市场占有率而降价的应对策略　这种情况下，企业首先要确定谁在降价，它的市场地位如何。如果是市场的领导者在降价，自己的品牌又无特殊卖点，只能跟随降价；否则，市场份额会迅速被瓜分。如果企业的实力，明显地无法承受降价的压力，可以有计划地退出市场。如果是市场排名后面的竞品降价，跟随降价大可不必。例如，奥迪 A6 系列基本上不随便降价，始终实行坚挺的价格策略，而且销售一直处于旺销状态，说明降价与否必须考察自己的产品的实力。

（2）面对竞争对手为清理库存、淘汰产品而降价的应对策略　这种情况下，企业应当辨清真假，确定降价产品对自身老产品是否形成威胁，切忌用新系列产品与竞争对手清理库存产品相抗衡，并密切关注后续新品上市的动向，及时采取应对措施。

（3）面对竞争对手用自杀产品扰乱市场的应对策略　产品的特点一般是顾客满意，商

家得利，但企业赔本的经营，它取决于后续替代产品的威力。面对竞争对手用自杀产品扰乱市场要慎重应对，企业可根据实际情况确定是跟进、关注，还是置之不理。需要特别注意的是不要使自己陷入价格竞争这个泥潭。

（4）面对竞争对手商家因利益驱动而降价的应对策略　产品经销商为了扩大自己的销售，往往会通过明降和暗降的办法发起价格战。价格战的关键在于企业给了商家降价的理由和空间，企业应予深刻检讨自己的价格体系和销售政策，检讨自己的促销力度和管理流程。

（5）突破价格战迷局的应对策略　竞争的核心在于企业间资源实力的较量，通过资源的优化配置，可繁衍出一系列竞争方式，价格竞争是消耗资源最大的一种。企业要预防在价格战中蒙受损失，关键是打造自己的优势，强壮自己的机体，在技术差异化、产品概念创新、品牌优势、服务特色、控制上游供应商、规模效益、降低成本和价格优势等方面创造条件，走出价格竞争的旋涡。

5. 价格的心理功能

（1）价格的认知功能　现实生活中，消费者常常用价格作为尺度来认识商品。品质相似的汽车，消费者往往认为价格高的那辆品质好、价值高，而价格低的那辆则容易被理解成品质差、价值低。在汽车产品层出不穷的情况下，消费者很难依靠经验去判断产品的优劣，价格就容易被消费者当作衡量产品品质与价值的尺度。

（2）自我意识的比拟功能　产品不仅表现价值，而且在消费者的自我意识中，还被当作衡量自身社会、经济地位的象征，以满足自身的社会性需要。消费者可能通过汽车产品进行社会地位的比拟、经济地位的比拟、文化修养的比拟和生活情操的比拟。

（3）调节消费需求功能　价格对供求关系具有杠杆作用。在其他条件不变的情况下，消费者需求量的变化与价格变动呈相反的趋势。价格变动对消费需求的影响表现在：①越是需求强烈的产品，消费者对价格越敏感；②价格变动的结果也可能使需求曲线向不同的方向发展，影响顾客的追涨等跌心理。

例如，一般来讲，调低商品价格理应有利消费，激发消费者购买欲望，促使大量购买，但现实生活中消费者却可能从便宜——便宜货——质量不好的逻辑思维出发，引起对商品的心理不安；认为便宜——便宜货有损消费者的自尊心和满足感；认为可能有新产品问世所以抛售老产品；认为降价的可能是过时产品，残次产品或低档产品；认为商品已降价，可能还会降。因此，降价必须慎重。

6. 降价不是应对竞争的唯一策略

（1）不能任意降价　降价是营销过程中最敏感的因素之一，合理降价对于销售具有一定的推动作用，但价格大战从来就没有使一个品牌的实际地位发生根本改变。相反，表现得岌岌可危或已经黯然退出市场的产品恰恰是一些超低价的产品，因为：其一，它根本化解不了自己的成本；其二，它本身可能就是超低值，当然包括它的服务、营销、管理和战略。

汽车市场的激烈竞争表面上是价格之争，而在本质上却是质量之争、服务之争、品牌之争。决定价值流入还是流出的根本原因是企业的产品是否真正符合消费者的需求。由此，应当清醒地认识到降价不是汽车市场营销的唯一策略。

消费者正在成熟，没有价值的降价或抽掉某些价值的降价，不但不能赢得消费者，相反

只会被消费者作为判断真实价值的工具，从而去否定企业的价值。这样的降价对汽车工业的发展不利，对企业的发展不利，对市场的健康成长同样不利。

（2）商品降价应具备的基本条件　商品降价必须慎重且应当具备相应的条件。这些条件是：消费者注重商品的实际性能和质量，很少考虑其他因素；消费者熟悉这一商品，并有信任度；有降价的理由；厂家信誉度高，确保消费者较低价格照样能买到好东西；对于时尚商品和新潮商品，进入模仿阶段后就应当降价；对于一般商品，进入成熟期后就要降价；降价幅度要适宜，因为降价超过一定比例时消费者会对商品表现出不信任。其实，有时采用暗降策略也是好方法，因为这有利于维护企业形象，避免竞争者的不满和攻击。

本章小结

汽车价格策略是汽车市场营销组合中一项非常重要的组成部分，它的运用将直接关系到汽车企业的利润获得。对不同的汽车产品应采用不同的价格策略；在产品的不同生命周期中，应使用不同的价格策略；面对竞争对手的价格变动，应采用灵活、科学的价格竞争策略。

作业与训练

一、复习思考题

1. 哪些因素影响价格？
2. 汽车的定价目标一般有哪几种？
3. 简述汽车的定价程序。
4. 详细阐述汽车的定价方法。
5. 简述汽车价格策划原则。
6. 简要介绍汽车价格策划程序。
7. 阐述汽车新产品定价策略。
8. 怎样进行价格竞争策划？

二、填空题

1. 汽车直售价格等于汽车批发价格加________及汽车直售企业的利税。

2. 汽车成本加成定价法是一种最简单的汽车定价方法，即在单辆汽车成本的基础上，加上一定比例的________作为汽车产品的售价。

3. 汽车价值理解定价法是汽车企业按照汽车消费者对汽车______的理解来制定汽车价格，而不是根据汽车企业生产汽车的实际价值来定价。

4. 汽车价格策划原则包括：整体原则、背景原则、______原则、动态原则和出奇制胜原则。

5. 撇脂定价策略是一种汽车______保利策略。

三、实训项目：价格策略分析实训

1. 对应知识

汽车价格策划。

2. 实训要求

收集上汽大众、东风日产、吉利汽车各3款产品的公开报价，分析厂家针对这些车型分别使用了什么定价策略。

3. 实训目的

通过资料收集和分析，理解价格策划的原则，掌握如何在竞争条件下正确使用定价策略。

4. 执行提示

1）布置实训要求，组织学生认真收集和分析相关品牌车型的价格。

2）列出3个品牌各车型的价格，指出这些车型分别采用了什么定价策略。

3）指出这些定价策略成功与失败的原因。

4）选择其中失败的定价策略，重新设计定价策略，并说明选用新的定价策略的理由。

5）撰写实训报告。

6）教师小结。

第五章

汽车分销策划

【学习目标】

1）掌握分销渠道的概念

2）了解汽车销售渠道的功能

3）熟悉汽车经销商的作用

4）熟悉汽车营销渠道的特点

5）熟悉汽车中间商的类型

6）了解选择和调整分销渠道的基本方法

7）了解经销商合作关系管理的含义

8）掌握改进厂商关系的基本策略

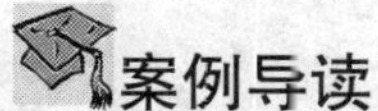

案例导读

一汽丰田构筑理想坚固的“金三角”

“消费者第一，经销商第二，厂家第三”是丰田公司所提出的经营理念。

丰田公司认为，渠道的通畅和优质是重中之重，而经销商们则是其重要的依靠。

丰田公司对于经销商的选择和增加有一套严格的标准。

长期以来，厂商对于经销商的关系都是以管理为主。但丰田公司对经销商更多的是采取支援的态度，丰田公司将经销商与自己看作是“一个团队”，为了保证整个价值链的健康运转，他们保持与经销商进行更深入的交流。

另一个让丰田公司的经销商与众不同的是其协力会组织，每月开会共同探讨市场和经营促销的业务，通过协力会共同制订出相关的市场策略、市场行为，并从一汽丰田公司得到相关的支援。

丰田公司还有一个咨询委员会，它是由经销店通过选举出的资深、有威望的董事长组成的组织，组织成员会与丰田公司商讨整个品牌的所有重大政策方针，即丰田公司的战略问题，甚至会到日本和丰田本部的高层进行对话。

丰田公司努力帮助经销商提高经营能力，包括：销售能力、客户关系维系能力、资金运作能力、价值链增值能力、管理改善能力、企划能力和公共关系维系能力七大能力。

丰田公司还在努力提高经销商的关联业务能力，其中二手车市场的加强建设，将为经销商提供不小的利润。

阅读以上案例的目的在于理解：

1）加强汽车销售渠道管理的重要作用。

2）一汽丰田公司改善厂商关系的主要经验。

第一节　汽车分销渠道策划

一、汽车分销渠道的概念

1. 分销渠道

分销渠道又称销售渠道，是指某种商品和服务从生产者向消费者转移的过程中，取得这种商品和服务的所有权或帮助所有权转移的所有企业和个人，即产品从生产者到消费者的流通过程中所经过的各个环节连接起来形成的通道。

2. 汽车销售渠道

汽车销售渠道是指汽车产品或者服务从汽车生产者向汽车用户转移的过程中，直接或者间接转移汽车所有权所经历的途径。分销渠道的起点是生产者，分销渠道的终点是消费者或用户，中间环节为中间商，包括批发商、零售商、代理商和经纪人。汽车销售渠道的中间环节为汽车中间商和汽车代理中间商。汽车交易市场、品牌专卖店、连锁店、汽车超市等，都是分销渠道的具体表现形式。

二、汽车分销渠道的功能

汽车分销渠道是将汽车产品从制造商转移到消费者手中所必须经过的途径。汽车分销渠道的所有工作都是为了消除汽车产品与消费者之间的差距，弥补产品、服务和其使用者之间的缺口，在各种不同的层面上满足消费者的需求。汽车分销渠道的具体功能还体现在以下八个方面：

1. 收集提供信息

分销渠道构成成员中的汽车销售中间商直接接触市场和消费者，最能了解市场的动向和消费者的实际状况。这些信息是汽车生产企业产品开发、市场促销所必须掌握的。汽车销售渠道能紧密观测市场动态，收集相关信息，及时反馈给汽车生产企业。

2. 促进产品销售

分销渠道通过分销行为和各种促销活动发现和创造需求、扩展市场，促进产品销售。

3. 完善客户服务

汽车销售活动必须以客户为中心，各个环节的服务质量直接关系到汽车生产企业在市场中的竞争实力，汽车销售渠道能够配合汽车生产企业为汽车用户提供周到、高质量的服务，提高客户的满意度。

4. 调整配置资源

分销渠道熟悉市场的实际需求，并向生产企业及时通报这些情况，有利于企业调整市场配置的各种活动，包括集中、选择、标准、规格化、编配分装、备件产品安排等。分销渠道的这一职能可以调整生产者和市场之间的平衡关系，使产品得到顺利、有效的流通。

5. 强化物流效益

汽车物流是汽车产品的实体分配形式。要使产品从生产者转移到消费者或用户，需要储

存和运输。汽车销售渠道有利于汽车生产企业解决将何种汽车、以多少数量，并在指定的时间送达正确汽车市场的基本问题，强化物流效益。

6. 连接终端客户

汽车分销渠道承担着转移汽车产品所有权，并针对其价格及有关条件与消费者达成协议，将企业生产的产品顺利送达消费者的任务。汽车销售渠道最经常的工作就是寻找可能的购买者，与其沟通，促进成交，并向企业进行市场信息反馈，向企业订购产品。

7. 共同承担风险

分销渠道在产品分销过程中，承担着与渠道工作有关的各种风险。汽车市场的销售情况变化多样，有高峰也有低谷，渠道中的各个成员必须共同面对，共担收益与风险。

8. 提供间接融资

汽车分销渠道与汽车生产企业间及时进行资金清算，并相互提供必要的资金融通和信用，为合作双方加速资金周转、减少资金占用起到重要作用。

三、汽车分销渠道的类型

1. 汽车分销渠道的分类

1）按渠道的长度分类。按渠道的长度分类，汽车分销渠道可分为长渠道和短渠道。渠道长度是指产品分销所经中间环节的多少及渠道层级的多少。所经中间环节越多，渠道越长，则称长渠道；反之，渠道越短，则为短渠道，最短的渠道是不经过中间环节的渠道。

2）按渠道的宽度分类。按渠道的宽度分类，汽车分销渠道可分为宽渠道和窄渠道。分销渠道的宽度是指渠道的每个层次使用同种类型中间商数目的多少。多者为宽渠道，意味着销售网点多，市场覆盖面大；少者则为窄渠道，市场覆盖面也就相应较小。

受市场特征和制造商分销战略等因素的影响，分销渠道的宽度结构大致有三种类型。

1）独家分销渠道。独家分销渠道是指汽车生产企业在某一地区市场仅有一家代理商或经销商经销其产品所形成的渠道。通常双方协商签订独家经销合同，一方面规定汽车生产企业不再在该地区发展经销商；另一方面也规定经销商不得经营竞争者的产品。独家分销渠道是窄渠道。独家代理（或经销）有利于控制市场。

2）密集型分销渠道。密集型分销渠道又叫广泛分销或开放性分销，是指汽车生产企业尽可能多地发展批发商和零售商，并由他们销售其产品。

3）选择性分销渠道。选择性分销渠道是指汽车生产企业根据自己所设定的交易基准和条件精心挑选最合适的中间商销售其产品。选择性分销渠道通常由实力较强的中间商组成，能有效地维护制造商的信誉，建立稳定的市场和竞争优势。

2. 汽车中间商的类型

汽车中间商是指居于汽车企业与汽车用户之间，参与汽车交易业务，促使交易实现的具有法人资格的经济组织和个人。汽车中间商是销售渠道的主体，汽车生产企业的产品绝大部分是通过汽车中间商转卖给汽车用户的。

在实际汽车销售活动中，汽车中间商的类型是多种多样的，按照是否拥有商品的所有权可以分为经销商和代理商；按其在流通过程中所起的不同作用可以分为批发商和零售商。汽车批发商是从事以进一步转卖汽车为目的、整批买卖汽车的经济活动者，主要包括汽车经销商、特约经销商、销售代理商和总代理。汽车零售商是从事将汽车或汽车劳务售给最终汽车用户的经济活动者。

（1）汽车经销商　汽车经销商是指从事汽车交易，取得汽车商品所有权的中间商。代理商是受生产者委托，从事商品交易业务，但不具有商品所有权的中间商。经销属于“买断经营”性质，具体形式可能是汽车批发商，也可能是汽车零售商。汽车经销商最明显的特征是将汽车产品买进以后再卖出，由于拥有汽车产品所有权，汽车经销商往往制订自己的汽车营销策略，以期获得更大的效益。汽车经销商作为渠道的中间机构，是连接制造商和消费者的桥梁，是汽车制造商的重要资源。它往往代替制造商完成对消费者的售前、售中和售后服务，是制造商了解市场需求信息的重要渠道。

（2）汽车特约经销商　汽车特约经销商属于特许经营的一种形式，是通过契约建立的一种组织，一般只从事汽车零售业务。特约经销商具有汽车企业的某种（类）产品的特许专卖权，在一定时期和在指定汽车市场区域内销售汽车企业的产品，并且只能销售汽车企业的产品，不能销售其他汽车企业的相同或相近产品。汽车产品特约经销商除应具备一般经销商的条件外，还应建立品牌专营机构，有符合要求的专用展厅和服务、管理设施，以及专职的销售和服务人员，有较强的资金实力和融资能力，有良好的信用等级。汽车特约经销商并不自动获得汽车企业的有关知识产权，例如不能以汽车企业的商号或汽车产品品牌为自己的公司命名，或者用汽车企业的商标宣传自己。汽车特约经销商要获得这些知识产权的使用权，必须征得汽车企业的同意，并签订使用许可合同。当汽车企业在一定的汽车市场区域内只选择一个特约经销商时，构成“独家销售”。

（3）汽车销售代理商　汽车销售代理商属于佣金代理形式，是指受汽车企业委托，在一定时期和在指定汽车市场区域及授权业务范围内，以委托人的名义从事经营活动，但未取得汽车产品所有权的中间商。代理商最明显的特征是寻找汽车用户，按照汽车企业规定的价格向汽车用户推销汽车产品，促成交易，以及代办交易前后的有关手续。若交易成功，便可以从委托人那里获得事先约定的佣金或手续费；若汽车产品没有销售出去，也不承担风险。汽车企业对销售代理商的条件要求一般高于特约经销商。虽然销售代理商不用买断汽车产品，对资金的要求低，但实际上它需要投入较大的资金按汽车企业的规范标准去建设汽车专卖店和展厅。汽车销售代理商还应具有很强的销售能力，有更高的信用和较强的融资能力，这些都需要经济实力作后盾。汽车销售代理商一般为区域独家销售代理商。

（4）汽车总代理　汽车总代理是指负责汽车企业的全部汽车产品所有销售业务的代理商，多见于实行产销分离体制的企业集团。汽车总代理商一般与汽车企业同属一个企业集团，各自分别履行汽车销售和生产两大职能。除了为汽车企业代理销售业务外，还为汽车生产企业开展其他商务活动。

3. 经销商的功能

经销商的功能见表5-1。

表5-1　经销商的功能

功能类型	作　用
交易功能	1）接触和促销：接触潜在消费者，促销产品和确定订单 2）谈判：确定要购买和销售的产品与服务的数量，使用的运输方式、送货时间及支付的方法和期限 3）承担风险：承担存货风险

（续）

功能类型	作　用
后勤功能	1）物理分销：运输和储存货物以克服时间和空间差异 2）分类：克服数量和花色差异 ①挑选整理：把不同类的供货分成同类存货 ②积累：把相近的存货合并成大的同类存货 ③分配：把同类的供货分成越来越小的批次 ④分类：把产品组合成消费者希望在一个地方可以找到的类系和花色
促进功能	1）调查：获得有关其他渠道成员和消费者的信息 2）融资：向最终消费者提供信用和其他财务服务以促进产品的流通

4. 国内汽车营销渠道的特点

从20世纪80年代中期开始，以汽车生产企业为主导的营销流通体制初步形成，各大汽车企业尝试建立的联营、联合公司，以及品牌授权的4S店模式已逐渐占据了汽车营销的主导地位。

1）经销商的功能进一步加强。为使营销流通体制更加规范化，汽车生产企业对专营合资、联营公司不仅提出了专营的要求，还要求有条件地统一门面颜色、统一标准、统一名称，在提供良好服务的同时树立良好的企业形象，并逐步成为集整车营销、零配件供应、整车维修、信息反馈四功能为一身的经销商（四位一体）。现在的汽车销售专卖店（即4S店）就是一个很好的例子。

2）区域代理成为主要发展方向。随着代理制的实行，许多汽车生产企业为了建立稳定的经销体系和良好的营销秩序，已开始按代理制的要求，在全国一些大的区域建立营销总代理（一级代理），并在此基础上逐步向二级代理和三级代理发展，从而使这些代理经销商能够在特定地区稳定地开拓市场，开展汽车销售业务。

3）注重经销商的培训和管理。为保证经销商正常运作，汽车生产企业建立各种与之配套的培训中心，负责对具有4S功能经销店的工作人员进行培训，指导上岗。汽车生产企业采取多种形式对经销商员工进行培训。比如近几年，有很多汽车生产企业与院校合作来培训经销商的员工；也有的汽车生产企业定期让经销商员工到企业去培训。

4）建立配套供应中心。用配件流通网络保证用户能买到纯正配件是经销商保持4S完整功能的重要条件，为此，大多汽车生产企业都建立了快速反应的配套供应中心。例如，上海汽车工业销售总公司设零部件总汇为购买大众轿车零配件的用户及经销商提供了一个购买场所。

5）完善物流管理中心。物流管理中心主要包括仓储管理和运输管理。仓储管理是依据地区分布科学地设立中转库。运输管理的最终目的就是使车辆尽快地从产地分流出去，尽快地到达用户手中。

6）品牌经营初露端倪。品牌经营的特点在于，汽车生产企业对经销商网络从外观形象到内部布局，从硬件投入到软件管理，从售前到售中、售后等所有服务程序，实施统一的规范、统一的标志、统一的形象，统一的管理，并实施统一的严格培训。通过品牌经营不仅规范了市场行为和秩序，而且强化了市场管理，避免了过度或恶性竞争，树立了品牌形象。更为重要的是，与非品牌营销相比，各种服务功能进一步得到加强，通过经营区域划分，统一价格政策，直接面向终极用户营销，从而减少了流通环节，降低了交易成本。

5. 国内汽车销售主要模式

（1）品牌专卖店　这种销售模式通常是汽车生产企业与汽车经销商签订合同，授权汽车经销商在一定区域内从事指定品牌汽车的营销活动。汽车生产企业通常会对汽车经销商的销售方式、宣传方式、服务标准、销售流程、专卖店的形象做出要求。通常，在同一专卖店中只销售同一品牌的产品。

品牌专卖是一种以汽车生产企业的营销部门为中心，以区域管理中心为依托，以特许或特约经销商为基点，集新车销售（Sale）、零部件供应（Spare part）、售后服务（Service）、信息反馈与处理（Survey）为一体，受控于汽车生产企业的渠道模式。

（2）二级渠道或直营店　为了扩大市场覆盖面，便利顾客购买，近年来不少汽车生产企业和品牌专卖店按照区域特点，发展出许多二级渠道或者直营店。这是一种下沉式的渠道模式，一般由汽车生产企业委托品牌专卖店，按区域市场的实际情况加以发展。二级渠道或者直营店接受上级渠道的授权和业务指导，经济上一般实行独立核算。

（3）品牌代理模式　在代理模式中，总代理一般与汽车生产企业同属一个集团公司，分别履行生产和销售两大职能。总代理渠道中可以分为多级代理，其中一级代理商是指具有市场开拓能力和资金实力的经生产企业特约定点销售的商家；二级代理商是指自己与生产企业没有直接的进货渠道而依靠一级代理商进货的商家。它们之间一般以产权或者合作为纽带，可以把商品迅速推向市场，缺点是生产企业压力过大，部分代理商缺乏销售动力。在竞争激烈、利润空间越来越小的时候，这种模式将面临巨大的挑战。这种渠道模式在我国汽车市场的发展过程中曾经起着非常重要的作用。目前，进口汽车相当一部分仍然采取这种模式。

（4）汽车交易市场　汽车交易市场是集纳众多的经销商和汽车品牌于同一场地，集中性、多样化的汽车交易场所。在汽车交易市场，工商、交通管理等部门现场办公，并设有专人协办、代办牌照，既提高了购车效率，又降低了交易成本。在交易市场内，各地区汽车公司云集于此，消费者购买的选择余地大，能够满足消费者对比、参照的需要和一站式服务的需要。

根据经营模式，即市场的管理者是否同时是经营者，汽车交易市场可以分为两种模式：一是以管理服务为主的汽车交易市场，管理者不参与经营销售活动，而是由经销商进场经营销售，交易市场只负责做好硬件建设及完善管理；二是以自营为主的汽车交易市场，进场经销商少，即市场管理者同时也是主要的汽车销售者。

（5）汽车园区　汽车园区是汽车交易市场规模和功能上的“升级版”。除了规模上的扩张，汽车园区最主要体现在功能上的全面性，在汽车销售、汽车维修、配件销售等方面，汽车园区更多的是加入了汽车文化、汽车科技交流、汽车科普教育、汽车展示、汽车旅游和娱乐等众多的功能。

（6）汽车超市　汽车超市主要是指那些特许经销模式之外、多品牌经营的汽车零售市场。这是一种可以代理多种品牌汽车并提供这些代理品牌汽车销售和服务的一种方式。汽车超市的特色就是以品牌齐全取胜，在那里，可以看到各种品牌的汽车。汽车多品牌超市的竞

争优势在于：一是利用一次性大批进货或买断车型等手段取得价格比较优势，从而让利于消费者；二是从满足消费者个性化、多样化需求，靠服务品牌将汽车产业价值链延伸与扩展。然而，目前国内汽车厂商大多推行品牌专卖代理制，还无法将汽车品牌代理授予汽车多品牌超市经营，汽车超市的车源只能来自4S专卖店，失去了价格优势，甚至有的汽车厂商还会限制它的汽车产品进入汽车大卖场或大超市。

（7）互联网销售　随着计算机的普及和互联网服务的日臻完善，网上购车已成为可能，而且会有长足发展。现在，在美国通过互联网销售的汽车，其数量已占美国全年汽车总销售量的6%左右，美国1 000多家重要的经销商，已有1/2以上通过网络销售汽车。在互联网上开辟市场，能最大限度地超越时空和地域的界限，直接同世界各地用户接触，减少交易时间、降低交易成本。事实上，目前在购车前先访问网站的顾客比例已经超过80%。

小资料

中国汽车销售渠道的变革如图5-1所示。

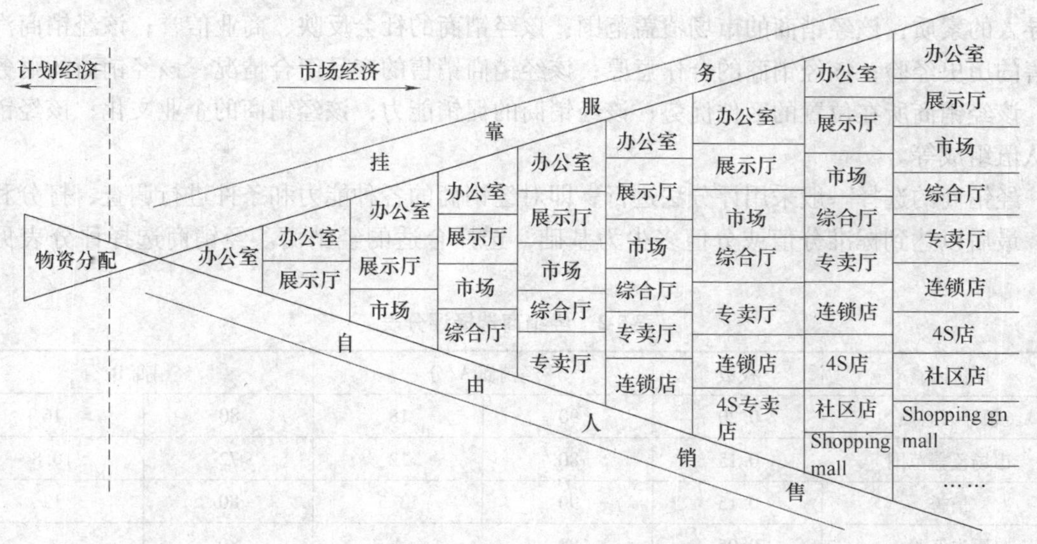

图5-1　中国汽车销售渠道的变革

四、汽车销售渠道的建设

1. 影响渠道设计的因素

影响渠道设计的因素主要有：

1）产品因素。产品因素包括产品定位、价格策略、技术服务等因素。

2）市场因素。市场因素包括市场范围，消费者的消费水平、消费习惯、需求特点，以及市场竞争情况等。

3）企业自身因素。企业自身因素包括企业的规模、财力、声誉、经销能力与管理水平、服务能力等。企业声誉好、资金实力雄厚、管理水平高可以采取短渠道，反之，采用较长渠道为好。

4）中间商因素。中间商因素包括中间商的理念、实力、经营水平、合作的可能性和服务能力等。

5）环境因素。环境因素包括政策法规等宏观因素，还包括具体地区的经济、习俗、地理、人文等各种因素。

2. 渠道设计的标准

渠道设计的基本标准是：能够不间断顺利快速地使商品进入消费者领域；具有较强的辐射性；具有商流和物流一致的特点；能够带来显著的经济效益。

3. 样板经销商的选择

选择样板经销商要有长远眼光，在样板经销商的选择上要注意以下问题：样板经销商一定要有较高的配合度，对汽车生产企业未来在样板市场中运用的销售模式要完全认同，并愿意承担其中的成本；样板经销商要有比较稳定并能产生良好业绩的销售队伍；样板经销商的管理能力和资金实力要充足而且有余力可挖掘；样板经销商有较大的发展潜力；样板经销商在同业中有一定知名度和较好的美誉度；样板经销商一般不能随意更换，要慎重选择。

4. 经销商选择的方法

经销商的选择要按照汽车生产企业的总体营销目标确定，评价因素主要包括：该经销商领导人的素质；该经销商的市场覆盖范围；该经销商的社会反映、商业信誉；该经销商汽车销售的历史经验；该经销商的合作意愿；该经销商销售的产品组合情况；该经销商的财务状况；该经销商所在位置的区位优势；该经销商的促销能力；该经销商的企业文化；该经销商的队伍组成等。

经销商的选择一般采用评分法进行，即对经销商的各种能力和条件进行调查、打分和评价，最后以达到标准分值或分值多少为基础，选择合适的经销商。经销商选择评分表见表5-2。

表 5-2　经销商选择评分表

评价因素	权数	经销商 A/分		经销商 B/分	
领导人素质	0.20	90	18	80	16
市场覆盖范围	0.15	80	12	72	10.8
信誉	0.15	90	13.5	80	12
历史经验	0.05	80	4	80	4
合作意愿	0.10	75	7.5	90	9
产品组合情况	0.05	80	4	60	3
财务状况	0.15	80	12	60	9
区位优势	0.10	65	6.5	75	7.5
促销能力	0.05	80	4	80	4
总分	1.00	720	81.5	677	75.3

表5-2显示，经销商A的综合条件比经销商B高。

五、渠道冲突的管理

1. 渠道冲突的分类

渠道冲突是指分销渠道成员之间由于利益之争引起的相互矛盾和冲突，即分销渠道中的

一方将另一方视为竞争对手。渠道冲突可以分为水平渠道冲突、垂直渠道冲突和多渠道冲突等。

（1）水平渠道冲突　水平渠道冲突是指某品牌同一层次经销商之间的冲突，表现为跨区域销售和竞向压价销售等。

（2）垂直渠道冲突　垂直渠道冲突是指同一条渠道中不同层次成员之间的冲突。例如，批发商与零售商之间的冲突，表现为在信贷条件、提供服务、进货价格诸多方面的不同等。

（3）多渠道冲突　多渠道冲突是指两条或两条以上渠道之间成员之间的冲突，如直接渠道和间接渠道的冲突、代理商与经销商之间的冲突等。

2. 渠道冲突的化解策略

渠道冲突的化解策略主要有：

1）加大销售促进激励。用价格折扣、数量折扣、业绩奖励等方法加强对渠道成员的激励，以具体的利益实现方式刺激渠道成员关注销售，淡化冲突，做到求同存异，在竞争中共同进步。

2）进行双向沟通协商。用沟通协商的办法化解已经产生的冲突，寻找共同利益，规范自律行为，建立合作同盟，这是最好的解决渠道冲突，实现各方共赢的成功方法。

3）优化渠道成员质量。果断地清理成员中在人格、资信、规模、经营手段上存在严重问题，不遵守市场规则，且不愿意改进的渠道成员，保证其他成员的利益。

4）善于运用法律手段。通过仲裁或诉讼等手段，严肃维护合同规定的方法解决渠道冲突，这是解决渠道冲突的最后选择。

六、二手车销售渠道概述

1. 二手车销售主要渠道

目前，我国二手车销售的主要渠道有二手车交易市场、二手车经销（经营）、二手车拍卖、二手车经纪、二手车鉴定评估、二手车直接交易等。

（1）二手车交易市场　二手车交易市场是指依法设立、为买卖双方提供二手车集中交易和相关服务的场所。

（2）二手车经销（经营）　二手车经销（经营）是指二手车经销企业收购、销售二手车的经营活动。

（3）二手车拍卖　二手车拍卖是指二手车拍卖企业以公开竞价的形式将二手车转让给最高应价者的经营活动。

（4）二手车经纪　二手车经纪是指二手车经纪机构以收取佣金为目的，为促成他人交易二手车而从事居间、经纪或者代理等经营活动。

（5）二手车鉴定评估　二手车鉴定评估是指二手车鉴定评估机构对二手车技术状况及其价值进行鉴定评估的经营活动。

（6）二手车直接交易　二手车直接交易是指二手车所有人不通过经销企业、拍卖企业和经纪机构将车辆直接出售给买方的交易行为。二手车直接交易应当在二手车交易市场进行。

2. 二手车销售的新渠道

（1）二手车认证　二手车认证是由汽车生产企业通过其指定的特约店进行评估、接收、检修及翻新，然后通过正常的机动车所有权变更手续提供二手车的销售与服务。

各大汽车生产企业对认证二手车的标准均不同。比如，广州本田认证二手车的要求是：二手车应在5年/15万km以下的管理内用户（有齐全的保养记录），无大修记录，而且通过191项检测项目。

(2) 品牌二手车　品牌二手车的最大竞争力在于它的信誉保证，这是打动消费者的核心力量。在发达国家，品牌经销商二手车销售量占到市场总量的1/3以上；目前我国越来越多的汽车生产企业相继开展了品牌二手车业务。品牌二手车的兴起，丰富了二手车交易模式，为二手车市场的快速发展起到了强大的推动作用。

(3) 二手车委托寄售　二手车委托寄售是一种委托代售的贸易方式。在我国二手车交易业务中，委托寄售方式运用得并不普遍。我国的委托寄售主要分为：自行定价型、二次付款型和周期寄卖型三种。按照寄售管理要求，凡寄售的二手车必须保证车辆完好、来路正当。二手车价格由委托人定价，接受委托的商家可以按照市场行情提出调整意见。委托期限由双方议定，委托人可以中途终止合同撤回委托二手车。二手车售出后，商家收取一定比例的手续费。

(4) 二手车超市　2011年7月，总部位于上海的车王二手车超市开业。2011年12月9日，由上海诚新二手车经营管理有限公司与江苏天泓汽车服务有限公司合资组建的江苏天泓诚新二手车大卖场在南京开业。二手车超市提供一站式服务，为客户提供二手车买卖、信贷保险、装潢美容、售后维修等专业服务，以“更多放心、更多选择”的全新理念，为消费者提供可靠、保值的二手车和贴心的客户购车服务。在汽车超市购买二手车的优点是可选择范围广、质量较好，缺点是价格较高。国外的汽车超市出售的二手车一般都明码标价，基本没有讨价还价的余地，有的汽车超市还会收取一定的手续费。大部分汽车超市可以进行二手车的以旧换新，买卖双方经过当场评估车况，协商价格后按差价付款即可，汽车超市把置换来的二手车摆出销售。

(5) 二手车租赁　由于二手车租赁手续便捷、租金相对便宜，二手车租赁越来越火热，逐渐成为出游租车的新亮点。二手车租赁成为了很多二手车经销商为了应对淡季的冲击和销售者短期消费心理需要所采取的新兴业务增长点。

(6) 二手车拍卖　二手车拍卖的目的是提高二手车市场交易的透明度、满意度和成交率，为客户提供更多的交易机会。二手车拍卖业务应由拍卖师、估价师和有关业务人员组成。

(7) 二手车典当　2005年4月1日起施行的《典当管理办法》规定，所谓典当，是指当户将其动产、财产权利作为当物质押或者抵押给典当行，交付一定比例费用，取得当金，并在约定期限内支付当金利息、偿还当金、赎回当物的行为。通俗的说，典当就是要以财物作质押，有偿有期借贷融资的一种方式。这是一种以物换钱的融资方式，只要顾客在约定时间内还本并支付一定的综合服务费（包括当物的保管费、保险费、利息等），就可赎回当物。

(8) 二手车电子商务　1993年，WWW（World Wide Web）诞生。1995年，互联网上的商业信息业务量首次超过科教信息业务量，成为基于互联网的电子商务大规模起步的标志。二手车电子商务利用电子网络平台，由二手车专业网站发布二手车信息，通过企业与消费者之间（B2C）、企业与企业之间（B2B）、消费者和消费者之间（C2C）等各种形式进

行。近年来，电子商务也进入了我国二手车交易领域，目前更多的是采用 C2C 交易模式。

第二节　汽车厂商关系策划

一、合作共赢的厂商关系

1. 资源配置模式革命性变化

中国汽车市场年增长率已经进入稳定增长阶段，整个产业链的资源配置必须做出相应的调整。中国汽车市场经过近十年的高速增长，年增长率都在两位数以上，基本维持在 20%左右。由于政策推动和汽车市场的发展规律作用，2009 年发生的金融危机不但没有使中国的汽车市场出现倒退，反而出现了快速增长。然而，汽车市场不可能永远保持如此高速发展的态势，结构调整将使中国汽车市场进入到稳定增长的时代，资源配置也将由此发生重大改变。汽车生产企业的整合已经开始，作为产业链领导地位的汽车生产企业的整合必然影响到整个产业链的格局和发展。在制造环节，现有的集团和区域格局的零部件配套体系不得不进行调整，以满足成本更低的原则；在销售环节，经销商的结构、组织形式、布局也会随之发生比较大的变化；在营销层面，传统的营销方式使企业不堪重负，差异化、区域化和精准化的营销将被广泛使用；在后市场流域企业的规模将迅速变大，专业、便利、经济的快修连锁模式将迅速成长。

2. 渠道模式和营销方式面临变革

二、三线城市或农村市场将成为我国汽车未来发展的重点区域，这会推动渠道模式变革和营销方式变革。中国从南到北、从东到西的地域跨度很大。一方面，经济发展程度上有很大差距；另一方面，地理气候和历史文化的差异也非常显著，将在一、二线城市行之有效的渠道模式和营销方式简单地移植到这些地区，必然会出现问题，渠道模式和营销方式的变革不可避免。

3. 多元化市场需要多元化渠道

市场需求变化催生渠道变革，渠道模式将向大型化、多级化和多样化发展。随着汽车市场的发展，城市化进程的加速以及消费者追求更加便利、高效、集约型的服务方式，单纯的 4S 模式的渠道网络已经不能满足市场和消费者的需求。汽车厂商已经开始顺应形势，对目前的渠道政策进行相应调整，并取得了实际的效果。

二、经销商关系管理策划

1. 合作关系管理

合作关系管理（Partner Relationship Management，PRM）是企业经营中不可或缺的业务方式，是一种通过识别、获取及保有最佳合作伙伴的营销策略。这样的合伙人包括分销商、批发商、经纪人、代理商、咨询顾问和连锁经销商等。

2. 合作关系管理的目的

合作关系管理旨在提升收益、刺激销售、降低成本，使分销渠道项目的投资回报实现最大化。合作关系管理有助于促进公司与分销渠道合伙人之间的交流与合作，同时又是一项经营策略。

3. 厂商合作关系管理的含义

合作伙伴管理是客户关系管理（Customer Relationship Management，CRM）的重要组成部分，属于客户关系管理的范畴。通过合作伙伴管理使企业能够在合作伙伴的帮助下高效地管理业务，并有助于建立更成功、更有力的合作关系。合作伙伴管理使企业能够更好地寻求新的合作伙伴，且有效地管理现有的合作关系。在品牌与客户关系营销框架体系内，合作伙伴是企业塑造品牌的重要途径之一，是企业需要重视的对象，也是企业品牌的传播者之一。但是，一些企业由于传统观念的影响，甲方意识非常强，并没有把合作伙伴当成客户对待，需要引起汽车厂商的高度重视。

4. 关注汽车市场价值的流动

市场总价值不变，但市场价值是流动的。价值增值是各个产业环节之间相互联动、支撑的结果。随着汽车市场规模的日益扩大，汽车服务产业的发展正在从传统的价值链关系向价值网建设迈进。汽车产业环节之间相互联动、支撑，才能逐步实现价值的增值。授权经销商和服务商的态度、能力、水平是否适应消费者的需求，决定着价值的流动。汽车市场价值的流动图如图5-2所示。

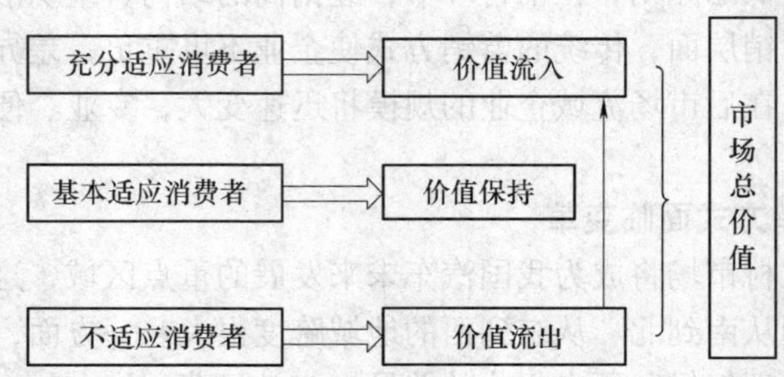

图5-2 汽车市场价值的流动图

5. 重视经销商满意度

中国经济的迅速发展使市场供求关系发生了深刻的变化，生产经济日益被生活经济替代，竞争焦点也从产量、质量、推销逐步发展到顾客满足。在现实市场上，谁忽视顾客满意，谁就难以打响自己的品牌，维持自己的市场份额。无论多少知名的品牌，如果低估了顾客的期待，品牌价值照样可以发生转移。

整车制造厂的顾客绝非只是终端客户，其中授权经销商就是它的重要顾客。他们的满意度如何，同样可以在很大程度上影响这些品牌的市场地位。对此，厂家绝对不可掉以轻心。因为经销商满意度同样是客户关系管理中的重要内容。

6. 必须平衡的厂商关系

（1）生产商对经销商的期望　生产商对经销商的期望很高，主要包括：理念保持一致，资金保证充裕，态度积极服从，营销充满创意，计划接受挑战，订货按时完成，服务独立完成，考核成绩优秀，库存保持满仓，利益实现双赢，风险共同承担。

（2）经销商对生产商的期望　经销商对生产商也有期望，主要表现在权利与义务的一致上。例如：合约公平公正，态度平等可亲，订货公开合理，服务快速反应，产品不要搭

售，计划贴近实际，代表形象良好，承诺及时兑现，库存合情合理，利益实现共赢，风险共同承担。

（3）生产商容易产生的问题

生产商容易产生的问题包括：

1）不断推出新产品，自身没有足够的资源投入，想依靠经销商来完成新品的上市工作。

2）忽视与经销商的沟通，不了解经销商的竞争力或者实力，过分依靠经销商或者过分不相信经销商。

3）不能准确地把握厂家的市场定位，一味地站在自己的立场上考虑问题，不断出台促销策略和压货措施，不断调整销售政策，让经销商无所适从，在一些琐碎的事情上与经销商经常发生冲突。

4）没有认识到自己不但是制造商，而且更是服务商。

（4）经销商容易产生的问题

经销商容易产生的问题包括：

1）忽视市场开发，变相以吃厂家为生。

2）不断地向厂家争取费用，保护老市场、老产品，不愿意进行薄弱市场提升。

3）忽视与厂家的沟通，不主动去理解厂家对自己的期望和疑虑，居功自傲，故步自封，逐步由厂家倚重的对象转化为需要重点解决的对象。

4）不能准确地定位自己的价值和作用，徒劳地阻止厂家出于战略和长远考虑所采取的措施与行动，一味地站在自己的立场上考虑问题，与厂家产生不必要的冲突。

（5）一般经销商存在五大问题　一般经销商可能存在的问题主要是：

1）管理。多数4S店的经营者没有系统地学习过4S店的经营和管理，而厂家对其支持的大多是对销售技巧、维修指导等较少的内部培训。因此，许多4S店的营销策划和管理能力较其发展相对落后。

2）培训。大多数经销商都有厂家人员对其进行内部培训，但内部培训只根据自己的车型来讲，销售人员就被限定在一个品牌上。对同档次、相同价位区间的竞争车型知之甚少，在同客户交谈时缺少说服力。虽然将员工培训列上日程，但缺少系统的、可持续的培训计划及内容，多数中途流产。

3）服务。服务问题作为4S店的一个棘手问题，车辆在交到维修人员的手中时，实质性的服务才开始。维修人员技术差、维修管理落后、配件假冒伪劣、收费混乱、随意拖延工期、服务水平低、维修技术名不副实等都是经销商应予以解决的服务问题。

4）营销。许多4S店的营销过多地依赖于制造商的计划和支持，自身的宣传与营销没有形成系统，甚至没有详尽的全年宣传计划；广告虽然做了但没有对媒体广告消费者到达率的评估，以致不能达到预期效果；由于缺少营销方面的专业人才，经营者面对市场竞争往往是“动态市场，静态决策”，难以料敌先机。

5）品牌。经销商没有鲜明的、自身的企业品牌形象，有的只是代理产品的品牌形象。

（6）制造商应当思考的问题　分销渠道个性化与创新、厂商合作朋友化是厂商关系的必然趋势。制造商不应仅从现有渠道入手，单纯地进行评估和选择，而应该从产品及消费需求入手，设计、创新、构建出具有自身特色的较理想的分销渠道。制造商应更加尊重经销商的意见，以消费需求、产品和成本为基础，以分销成本的节约和购买的便利性原则出发，设计出最符合产品特征和企业实际情况的具有个性化的渠道，对经销商的业务需求作出快速反应。制造商应该时刻关注经销商的实际生存状态，帮助经销商克服相关困难。

（7）经销商应当注意的问题　经销商应当尊重市场，及时、准确地向厂家反馈市场信息；向消费者准确传递品牌和产品的优秀品质；积极营销，巩固和发展区域市场；严格执行计划、完成计划；与制造商保持经常的、全面的、真诚的沟通；确立荣辱与共的思想，与制造商分享利润与“痛楚”。

（8）平衡厂商关系　分销渠道是整个市场营销的关键性环节，而良好的厂商关系则是渠道畅通的保证。厂商关系并非一成不变，而是随着分销渠道的变革，根据市场的变化进行不断的修正、完善、创新与变革。厂商要获取市场竞争力就要主动迎合这种变化。

（9）汽车厂商关系的未来趋势　随着市场形势的发展，汽车厂商关系的未来趋势是：制造商会越来越把经销商作为他更紧密的合作伙伴，把他当成自己的客户。现在已经有很多品牌的做法在不断体现这样的作风，包括在政策上与经销商的沟通与合作、配合方面等都体现出了这一点。

本章小结

渠道在市场营销过程中具有重要作用，充分理解渠道的概念、类型、各类分销渠道的优、缺点，以及选择分销渠道应该考虑的因素，对于分销渠道的设计与管理、改善厂商关系，对保证汽车营销目标的实现均有重要作用。

作业与训练

一、复习思考题

1. 汽车分销渠道的功能有哪些？
2. 汽车经销商在汽车营销过程中有哪些重要作用？
3. 详细阐述我国汽车分销渠道的特点。
4. 我国汽车中间商有哪些类型？它们的特点分别是什么？
5. 经销商合作关系管理的含义是什么？
6. 汽车市场价值是怎样流动的？
7. 一般经销商可能存在哪些问题？如何改进？
8. 如何改进厂商关系？

二、判断题

1. 经销商满意度与客户满意度无关。（　　）
2. 汽车经销商是指从事汽车交易，取得汽车商品所有权的中间商。（　　）

三、实训项目：汽车销售渠道调查报告

1. 对应知识

汽车渠道策划。

2. 实训要求

通过实地考察和网上搜索，全面阐述本地汽车销售的渠道模式，并说明各自的特点。

3. 实训目的

了解我国汽车销售渠道的实际状况，分析存在问题，提出改进意见。

4. 执行提示

1）事先设计“汽车销售渠道调查与分析表”。

2）组织学生网上搜索和实地调查。

3）填写“汽车销售渠道调查与分析表”。

4）组织学生交流。

5）注意调查活动中的交通安全。

第六章 汽车促销策划

【学习目标】

1）熟悉汽车销售促进的工具

2）熟悉销售促进策略的内容

3）掌握人员推销的形式、任务、步骤、特点

4）掌握推销的方法与技巧

5）熟悉汽车广告目标分类

6）掌握广告策划策略、步骤，广告策划方案的撰写

7）了解媒体碎片化时代的广告策略

8）熟悉汽车市场营销公关的工具

9）正确理解和运用销售促进组合，合理运用促销工具

10）掌握进行促销组合、确定促销目标和进行促销策划的方案拟写的能力

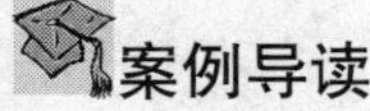

案例导读

汽车展促销活动策划方案

1. 活动主题：昊普欢乐之旅，关心教师家庭

2. 活动对象：大学教师（主要是有购买能力、购买需求的大学教师）及其家人好友（共1~3人）

3. 预计参与人数：80人左右

4. 活动时间：9月8日

5. 活动地点：北京某地

6. 活动流程（略）

7. 活动内容：

1）试乘试驾活动。

时间：9月8日9：00~12：00

形式：试乘试驾，做绕桩、转弯、加速等各种性能体验。

2）农家大餐。

时间：9月8日12：00~13：30

形式：在凤凰园温泉度假村享用农家大餐。

3）趣味娱乐活动。

时间：9月8日13：30～15：30

形式：所有嘉宾参加，包括教师的家属、好友、孩子都能够参与其中，增强整体活动的吸引力。同时，活动设置都是有关别克汽车的信息，能够使参与者在趣味娱乐的同时了解别克汽车，增强同别克汽车的亲近感，从而促发购买欲望。

（活动内容请各公司按照公司实际选择开展）

A. 别克童星大赛

参赛者：在场的小朋友。

比赛方式：让参赛者扮演一次小汽车模特儿，与现场别克汽车合影，在适当了解汽车性能的基础上回答观众们的提问，从中选出大家公认的最可爱车童作为别克童星进行奖励。

B. 爱车家庭装点大赛

参赛者：参加活动的各个教师家庭自愿报名（单身前往者可以自由组合成临时拍档）。

比赛方式：以上述家庭为单位，以事先准备好的汽车装饰品为原料，先由各队选择喜欢的装饰品，再用这些装饰品装点试乘试驾别克汽车，最后评选出装饰得最漂亮的一辆汽车，装饰者作为最佳爱车装点家庭。

C. 绕车接力大赛

参赛者：由嘉宾自愿组合，4人为一组。

比赛方式：每个长方形代表一辆别克汽车（数量待定），敞开车门。游戏分组进行，每组一号队员依次穿过4辆汽车的后座，并在穿过每一辆汽车时按响汽车喇叭，在穿过4辆汽车后将手中的旗子递给下一名队员，由他重复一次，依此类推；当4名队员全都完成时统计所用时间，用时最短的一组获胜。

D. 超级行李箱规划大师赛

参赛者：参加活动的各个教师家庭（单身前往者可以自由组合成临时拍档）。

比赛方式：预先准备好需要装进行李箱的物品，以家庭为单位，看哪个家庭能够在最短的时间内将最多的物品装进同一型号的别克汽车行李箱。物品包括一家人都能用到，并能使嘉宾产生亲切感的日常用品，如毛绒玩具、滑板、高尔夫球杆、鱼竿、卷轴画、旅行袋、地毯、睡袋、帐篷等。这些物品在活动中都可以当作礼品赠送。

E. 香车美景摄影大赛

参赛者：所有参与嘉宾自愿报名。

准备工作：准备可以做图片处理的手提电脑及数码照片打印机各一台，通知每一位愿意参加这项活动的嘉宾自带数码相机。

比赛方式：请每位活动参与人员自己选择1～3幅照片参赛。

F. 小小雕塑家大赛

参与者：在场的小朋友。

比赛方式：让小参赛队员们按照别克车型用主办方准备的彩色橡皮泥捏出别克汽车的形状，最后选出三名优胜者进行奖励，入选作品在昊普展厅橱窗中长期展示。

G. 汽车知识竞赛

参赛者：参加活动的各个教师家庭（单身前往者可以自由组合成临时拍档）。

比赛方式：在出发时将昊普和别克汽车的宣传单发给每一个参加活动的家庭，知识竞赛的部分答案在宣传单上。

第一轮：必答题，题目是昊普别克汽车的产品信息及汽车常识，淘汰至7个家庭。

第二轮：一人比划一人猜，题目为有关汽车的名词及物品，淘汰至5个家庭。

第三轮：抢答题，淘汰至3个家庭进行奖励。

4）填写调查问卷。

时间：9月8日15：30～16：00

形式：问卷涉及参与者的汽车需求、习惯、购车理想、价格承受力、对昊普的认识，最终将问题引向是否愿意在昊普购买别克汽车。依据此调查问卷建立一个客户资料库，并从中发现最具购车可能的参与者并进行重点推荐。

5）昊普展厅参观活动。

时间：9月8日13：30～16：00

形式：事先将昊普展厅布置一新，增添和教师节有关的装饰物和悬挂品（如宣传漫画、有关教师的古语名言、活动旅途风景、欢乐时光、大家代表所有学生送给教师们的贺卡和献花等），在娱乐活动和试乘试驾活动结束后，将所有参与嘉宾接至昊普展厅，由工作人员介绍昊普、介绍别克汽车。参观完毕，如果有购车想法可以继续进行咨询活动，其他参与者可以送回。

展厅的布置从9月7日就已经完成，使当天所有参加活动的教师都能到昊普展厅体验昊普对教师们的一份祝福和问候。

6）上门试乘试驾活动。

时间：9月8日以后每周一至周五11：00～14：00

形式：利用每天中午的时间，由销售顾问将试乘试驾车辆开上门提供试乘试驾服务，同时为活动参与者赠送礼品。

优惠方式：

试驾：上门试驾，试驾有礼。

修车：加赠免费机油滤清器保养一次。

会员：免费成为昊普汽车俱乐部会员，享受北京市区内24小时免费救援等20项会员服务及优惠政策。

活动：针对会员单位在昊普购买别克汽车的客户，由昊普出资组织一次自驾游娱乐活动。

买车：赛欧、凯越、君威、GL8各款别克系列车型均有惊喜大礼包赠送。

7）活动宣传。

A. 公关宣传

目的：尽力取得学校的支持，组织教师参加公益活动，必要时可以将参与活动的大学设定为活动的协办单位并在各方面长期合作。

方式：与北京××大学及其他大学协商，征求同意在其校内张贴有关活动的海报、在其校园广播站广播宣传活动内容。

B. 媒介宣传

进行简单有效的媒介宣传可增强活动效果，是否进行媒介宣传将参考经费预算情况。

目的：1）吸引更多的大学教师群体消费者参与到活动中。

2）进行广泛舆论宣传，树立昊普公众形象、提高昊普知名度。

方式：1）广播媒体：北京交通广播电台9月1日开始做活动宣传。

2）报纸媒体：北京晨报报眼广告9月4日～9月7日活动宣传。

阅读本案例并在本章学习过程中思考下列问题：

1. 本案例运用了哪些促销工具？这些促销工具分别对整个活动起到什么作用？

2. 学习本章后，你觉得本案例存在哪些问题，可以在哪些方面加以改进？

第一节　汽车促销组合

一、汽车促销

1. 汽车促销的概念

汽车促销是指汽车企业在特定的目标市场中，为了迅速刺激需求和鼓励消费而采取的各种措施。

美国市场营销协会定义委员会认为，销售促进是指除了人员推销、广告、宣传以外的，刺激消费者购买和提升经销商效益的各种市场营销活动。例如，陈列、演出、展览会、示范表演以及其他推销努力。

2. 促销工具的选择

选择汽车促销工具时，要综合考虑汽车市场营销环境、目标市场的特征、竞争者状况、销售促进的对象与目标，以及每种促销工具的使用成本和效益预测等因素。

二、汽车促销组合方式

汽车促销是汽车企业对汽车消费者所进行的信息沟通活动，通过向消费者传递汽车企业和汽车产品的有关信息，使消费者了解汽车企业和信赖汽车产品。

促销的实质就是传播和沟通信息。其目的是促进销售、提高企业的市场占有率及增加企业的收益。

现代市场营销将各种促销方式归纳为四种基本类型，即广告、人员推销、营业推广和公共关系。这四种方式的运用搭配称为促销组合。促销组合策略就是对这四种促销方式组合搭配和如何运用的决策。

1. 人员推销

人员推销是指企业通过派出推销人员与一个或几个以上的可能购买者交谈、介绍和宣传，通过客户关系的开发、维护和管理等手段，扩大产品销售的一系列活动。

2. 广告

广告是通过报纸、杂志、广播、电视、广告牌、网络等传播媒体形式向目标消费者传递信息。采用广告宣传可以使广大消费者对企业的产品、商标、服务等加强认识，并产生好感。其特点是可以更为广泛地宣传企业及其商品，传递信息。

3. 营业推广

营业推广由一系列短期诱导性、强刺激性的战术促销方式组成。它一般只作为人员推销和广告的补充方式，其刺激性很强、吸引力很大，包括赠送免费样品、赠券、奖券、展览、陈列、折扣、津贴等，它可以鼓励现有顾客大量、重复购买，并争取潜在顾客，它还可鼓励中间商大量销售。与人员推广和广告相比，营业推广不是连续进行的，只是一些短期性、临时性的能使顾客迅速产生购买行为的措施。

4. 公共关系

公共关系是企业为了使公众理解自己的经营活动符合公众利益，并有计划地加强与公众的联系，建立和谐的关系，树立企业信誉的一系列活动。公共关系不以短期促销效果为目标，而是为了使公众对企业及其产品产生好感，并在公众面前树立良好的企业形象，追求企业与社会利益和谐发展的长期利益。

三、促销组合是一个整体

人员推销、营业推广、广告、公共关系是促销组合中既相互独立又紧密联系的四个组成部分。但在汽车营销实践中，由于企业运营中人员推销、营业推广、广告、公共关系实际上是由各个相对独立的职能部门实施的，所以促销组合的各个部分往往被分割开来理解。这种认识对汽车销售促进的有效性不利，因为它有可能将促销仅仅停留在单纯的战术和一般技巧的层面上。

事实上，在商品供过于求的竞争时代，促销已经从单纯的战术和技巧层面上升为基于企业市场营销战略上的智慧管理和基于竞争对手的谋略博弈，全面理解和从整体上把握促销组合进而开展促销策划显得尤为迫切。促销策划的完整性和促销组合工具使用的组合能力和灵活性、应变性已经成为企业赢得优势竞争力的关键。

四、合理运用促销组合

不同产品、产品不同生命周期条件下，各种促销工具的使用比例不尽相同，促销工具的组合方式也应当有所不同。

1. 产品特征与促销组合

密集经销便利品的特点是客户容易理解，使用对象广泛，主要靠吸引力促进销售，因而广告宣传和业务促销的比重较大；而汽车属于理性服务类产品，金额大、使用周期长、客户关系强，主要靠推销力来推动销售，公共关系和人员推销在促销过程中的使用比例更大。

2. 产品生命周期与促销组合

知、情、意、性是消费者购买产品的心理过程。没有对产品、服务、供应产品的企业和人了解，消费者不可能进行购买。在消费者不了解产品、服务的时候，不管是什么产品或服务，必须告之消费者，广告宣传和业务促销显得尤其重要。但是在消费者已经熟知产品和服务的情况下，消费者是否购买企业的产品和服务，更重要的因素是企业的口碑，而这些需要强有力的公共关系和人员推销去体现。可见，在产品不同生命周期使用促销工具时，各种促销工具在促销组合中的使用比例是不同的。

五、组合运用促销工具

各种促销工具各有其特点，促销策划可以单独使用某种促销手段，也可以综合使用各种促销工具。一般来讲，任何促销工具的使用都不可能不与其他促销手段相联系。譬如，企业开展一次促销活动，不可能单独使用促销组合中的某一个促销手段就可能实现，关键是如何进行有效的整合。

第二节 人员推销策划

汽车人员推销是指汽车企业的推销人员利用各种技巧和方法，帮助或劝说消费者购买该品牌汽车产品的促销活动。

一、人员推销的形式

汽车产品人员推销主要有两种形式：一是上门推销（主要针对大客户和集团用户）；二是会议推销。

上门推销的好处是推销人员可以根据各个用户的具体兴趣特点，有针对性地介绍有关情况，并容易立即成交。

会议推销具有群体推销、接触面广、推销集中、成交额大等特点，而且企业可在会内、会外“开小会”，同与会客户充分接触。只要有客户带头订货形成订货气氛，就容易实现大批量交易。我国汽车企业经常采用会议方式促销，如新车发布会、各类汽车展销会等。

二、人员推销的任务

1. 订单处理

订单处理是推销人员和电话营销人员都需要完成的任务。它可以分为批发商和零售商两个水平的订单处理。销售人员进行订单处理时，一般是在确定顾客需求后完成订单。订单处理是销售环节最基本的工作之一。

2. 创造销售

创造销售常常通过增加新顾客和引进新产品和服务来创造新业务。新产品常常需要高水平的创造性销售。在销售人员的三个任务中，它是最重要的。创造销售可出现在电话营销、店堂销售和外勤推销中。

3. 专使销售

专使销售是指非直接销售。例如，汽车销售公司要把汽车销售给直接用户，首先要说服销售人员这个非直接顾客，在销售时有的放矢地推广本公司的产品。在汽车专使销售中，技术支持越来越重要，他们的任务是为顾客提供汽车购买和使用过程中所需要的技术支持和营销服务。

三、人员推销的步骤

汽车的人员推销过程分成七个不同的阶段，即寻找顾客、事前准备、接近客户、产品介绍、克服障碍、达成交易、售后追踪。

1. 寻找顾客

客户是企业赖以生存和发展的基础条件，寻找客户是推销工作的第一步。寻找顾客是指推销人员主动找出潜在顾客（即准顾客）的过程。

准顾客是指对推销人员所推销的产品或服务确实存在需求、具有购买能力并具有决定权力的个人或组织。而顾客是指那些已经购买企业的产品的个人或组织。

人员推销具有特定的指向性，必须根据推销产品的特点，确定哪些人可能具备潜在顾客的基本条件，框定推销品的顾客群体范围、类型及推销的重点区域。在确定潜在顾客基本条件的基础上，通过各种线索和渠道，寻找符合这些基本条件的合格顾客。

2. 事前准备

推销人员的事前准备除了仪表、仪容及相关宣传资料、表单文件以外，更主要的是相关知识的准备。

1）产品知识。产品知识即关于本企业产品的特点、用途和功能等方面的信息和知识。

2）顾客知识。顾客知识包括潜在顾客的个人情况，具体顾客的生产、技术、资金情况，用户的需要，购买者的性格特点等。

3）竞争者的知识。竞争者的知识即竞争者的能力、地位和它们的产品特点。同时，还要准备好样品、说明材料、选定接近顾客的方式、访问时间、应变语言等。

3. 接近客户

接近客户即开始登门访问，与潜在顾客开始面对面的交谈。

（1）接近顾客的方法　接近顾客的方法很多，包括朋友引见、电话拜访、信函拜访、邮件拜访、直接拜访等。

（2）创造面谈机会　面谈是推销自己、推销产品、推销服务最好的方法。

第一印象是面谈成功的首要条件，仪表仪容、专业修养在与客户初次交谈中具有十分重要的作用。

运用轻松话题，消除初次访问紧张情绪；通过开放式问句，让客户对推销的产品与服务提出问题、产生兴趣是创造谈话机会的重要手段。只有当客户对推销人员提出问题时，推销人员才有与客户进一步面谈的机会，才有可能为客户提出解决方案，从而推销自己的产品与服务。

小资料

与客户初次交谈可以选择的轻松话题见表6-1。

表6-1　与客户初次交谈可以选择的轻松话题

激发自尊性	闲聊新闻	彰显利益	营造乐趣
事先了解当事人 谈及客户得意之处 称赞客户 倾听客户成功经验 聆听客户成功故事	热门话题 业界新闻 客户喜欢的新闻报道	时尚、个性化话题 现代审美 价值追求 合理消费 投资话题 节省开支	运动 娱乐 明星人物 食物 重大赛事

（资料来源：百度网）

4. 产品介绍

推销人员在介绍产品时，要注意运用完整产品的理论介绍产品，并说明该产品在生理、安全、尊重、价值以及精神、情感等各种方面可能给顾客带来的好处，要注意倾听顾客发言，判断顾客的真实意图。

5. 克服障碍

（1）三种障碍　在推销活动中的推销障碍包括一般障碍、真正障碍、隐蔽障碍三种形式。

一般障碍通常表现在推销对象对某一商品有反对意见和异议，并没有经过深思熟虑，往往带有随意性。例如，购买信心不足、购买目标不明确、购买时间不紧迫、购买利益不充分等。

真正障碍通常表现在推销对象对某一商品有反对意见和异议，是经过思维、想象等心理活动后的决定。例如，没有购买欲望，对推销人员有偏见，认为推销商品离自己的需求很远等。

隐蔽障碍通常表现在推销对象对某一商品有反对意见和异议，是出于某种需要，不能把真正原因说出来，其障碍的原因是不真实的，甚至有时是违心的。例如，购买欲望不强，对商品认知度差，决策能力不充分，购买能力不足等。

（2）排除推销障碍的策略。推销障碍是推销活动过程中的必然现象。推销障碍是推销对象对推销商品感兴趣的指示器。推销障碍是企业改善营销工作的催化剂。推销活动从处理推销障碍开始，推销人员应随时准备应付不同的意见。排除推销障碍的具体策略如图 6-1 所示。

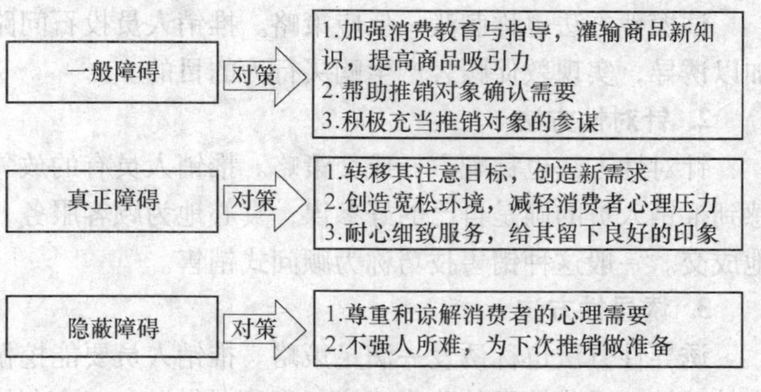

图 6-1　排除推销障碍的具体策略

6. 达成交易

接近客户和达成交易是推销过程两个最困难的阶段。接近客户是推销活动的开始，达成交易则是实现汽车营销价值的新起点。达成交易后，应当严格遵照合同法的规范签订汽车买卖合同，认真履约。

7. 售后追踪

汽车营销人员必须确立顾客终身价值的思想，在与顾客达成交易后，继续营造顾客满意。顾客满意可以导致顾客重复购买，并成长为忠诚顾客，为企业带来更大的未来价值。为此汽车营销人员必须坚持售后追踪，除了认真执行订单中所保证的条件外，更要加强客户关怀，以维护和发展客户关系。

四、人员推销的特点

1. 双向沟通

与客户直接沟通，双向互动，有利于顾客正确地反映真实需求，推销人员提供适合的产品与服务。

2. 灵活性强

推销人员在访问的过程中可观察到顾客的反应，并揣摩顾客心理变化的过程，因而能酌情改变推销陈述和销售方法，以适应各个顾客的需要，促进最终交易的达成。

3. 针对性强

针对顾客的需求和个性特征，有针对性地提供个性化服务，无效劳动少。

4. 专业性强

人员推销经常用于商品竞争激烈的情况，也适用于推销价格昂贵和性能复杂的商品。对专业性很强的复杂商品，仅仅靠一般的广告宣传是无法促使潜在顾客购买的，而训练有素的推销人员为顾客展示产品，并解答其难题，往往能达成交易。

五、人员推销的方法

沟通是衡量推销人员能力的重要标准，具体表现在推销人员能够根据不同的推销气氛和推销对象审时度势，巧妙而灵活地采用不同的方法和技巧，吸引顾客，并促使其做出购买决定，达成交易。

1. 试探性方法

试探性方法也称刺激—反应策略。推销人员投石问路，进行试探，观察顾客反应，然后加以诱导，实现敦促顾客产生购买行为的目的。

2. 针对性方法

针对性方法也称配方—成交策略。推销人员有的放矢地宣传、展示和介绍产品，使顾客感到推销人员的确是自己的好参谋，真心地为顾客服务，进而产生强烈的信任感，最终愉快地成交。一般这种销售技巧称为顾问式销售。

3. 诱导性方法

诱导性方法也称诱发—满足策略。推销人员要能挖掘、唤起顾客的潜在需求，要先设计出鼓动性、诱惑性强的购货建议（但不是欺骗），通过恰当的氛围、准确的语言，诱发顾客产生某方面的需求，并激起顾客迫切要求满足这种需求的强烈动机，然后抓住时机向顾客介绍产品有针对性的效用，说明所推销的产品正好能满足这种需求，从而诱导顾客购买。

小案例

人员推销策划案例——丰田汽车公司的销售实力

丰田汽车公司销售实力很强，这与该公司管理有方有很大关系。在严密的工作制度和激励机制作用下，丰田汽车公司涌现出一批杰出的推销员。

例如，该公司的功勋推销员椎名保久访问的顾客最多时每天达到150户，平均每天要递出数百张名片。在与顾客交往中，他专心致志同顾客谈话，向对方提供详细的信息和咨询意见，甚至帮助顾客寻找长期停放汽车的位置。对于没有驾驶执照的顾客，他则告诉顾客到哪里学习最合适；若遇到讨厌汽车的顾客，就引导他开车兜风，以使其对汽车发生兴趣。至今，丰田汽车公司仍然将上门推销作为其销售人员必须掌握的销售技术之一。

（资料来源：中国汽车工程学会《汽车服务周讯》）

六、人员推销的技巧

1. 营造气氛

营造气氛是推销人员与客户建立和谐的洽谈气氛的技巧。推销人员与客户洽谈，首先应

给客户一个良好的印象，懂礼貌，有修养，稳重而不呆板，活泼而不轻浮，谦逊而不自卑，直率而不鲁莽，敏捷而不冒失。

2. 寻找理由

寻找理由是推销人员与客户会面的技巧。一是要选好见面的时间，以免吃“闭门羹”；二是可采用请熟人引荐、名片开道、同有关人员交朋友等策略，赢得客户的欢迎，抓住成交机会。推销人员应善于体察客户的情绪，在给客户留下好感和信任时，抓住机会发动进攻，争取签约成交。

3. 巧妙进入

巧妙进入是推销人员与顾客开始洽谈的技巧。在开始洽谈阶段，推销人员应巧妙地把谈话转入正题，做到自然、轻松。

4. 排除障碍

排除客户异议障碍、排除价格障碍是推销人员实现成交的关键技巧。推销人员如果不能有效地排除和克服所遇到的障碍，将会功亏一篑。

七、人员推销的管理决策

制订有效的措施和程序，加强对推销人员的选拔、训练、激励和评价是汽车营销企业有效实现人员推销任务的重要保证。

1. 推销人员的选拔

一个好的推销人员必须具备与其岗位任务相一致的基本素质。从选才的角度来讲，不管是企业内部选拔，还是社会公开招聘，都应进行严格的考试和考查，择优录用。

考试包括知识和智力水平两个环节。前者一般采用笔试，考察应聘人员文化知识和专业知识的广度与深度；后者一般采用口试，重点考察应聘人员的语言表达、口才、理解记忆力、分析判断、灵活应变、仪表风度乃至个人形象等。

经过这两个环节后，还应考察应聘人员的责任感、工作态度、工作作风、职业道德、敬业精神、创新精神等。

2. 推销人员的培训

推销人员的培训应围绕产品知识、推销方法与技巧、职业道德与敬业精神、企业文化等各个方面展开。通过培训要求实现明确目标市场，明确产品和市场定位，明确企业战略，明确市场竞争特点，熟悉产品，懂得技术，心有用户，把握政策，勇于竞争，勤于服务的目标。使推销人员能够知己知彼，正确面对市场竞争，向顾客介绍产品和企业的情况，供其所需、释其所疑，以利准确回答顾客问题，接受顾客的咨询，消除顾客的后顾之忧。

3. 推销人员的组织与管理

推销人员组织与管理的内容包括企业对推销人员队伍总体规模、组织结构、工作制度、奖惩与考核等制度的确立。

（1）推销人员规模的确定　确定推销人员规模的方法有以下两种：

1）销售能力分析法。通过测量每个推销人员在不同范围、不同市场潜力区域内的推销能力，计算在各种可能的推销人员规模下，企业的总销售额及投资收益率，以确定推销员的规模。推销人员数量的计算方法为

$$推销人员数量=\frac{企业总销售额}{每位推销人员的销售额}$$

2）推销人员工作负荷量分析法。根据每个推销人员的平均工作量及企业所需拜访的客户数目来确定推销人员的规模。推销人员总数的计算方法为

$$推销人员总数=\frac{客户总数}{平均每位推销员应拜访的客户数（在某一时间和某一区域内）}$$

（2）推销人员的组织结构　推销人员的组织结构共有如下三种可供选择的形式：

1）区域型结构。将企业的目标市场分成若干个区域，让每个推销人员或推销组负责一定区域内的全部推销业务，并定出销售指标。采用这种结构有利于考查推销人员的工作绩效，激励其工作积极性，有利于推销人员与客户建立良好的人际关系，有利于节约交通费用。

2）产品型结构。将企业的产品分成若干类，每一个推销人员或推销组负责推销其中的一类或几类产品。这种结构适用于产品类型较多并且技术性较强，产品间缺少关联的情况。

3）顾客型结构。按照目标客户的不同类型，如所属行业、规模大小、新老客户等组织推销人员，即每个推销人员或推销组负责某一类客户的推销活动。采用这种结构有利于推销人员更加了解同类客户的需求特点。

（3）推销人员的工作制度　明确的工作制度是企业建立声誉的组织保证，推销人员的工作制度必须严而有格，具体包括：推销人员区域分工、工作目标、主要职责、表格填写、档案管理、汇报检查、危机处理等，都应有明确的制度规定。

（4）推销人员的奖惩与考核　企业应对推销人员的工作情况做出公平合理的考核，根据推销人员的业绩给予奖励或惩罚。惩罚是必要的手段，但一般是以激励为主，这对开创销售工作的生动局面具有重要意义。

第三节　营业推广策划

营业推广具有促销效果显著的特点，但只是一种辅助性促销方式，一般不能单独使用，需要配合其他促销方式一起使用。采用营业推广方式促销，可以使顾客产生“机不可失、时不再来”的感觉，但也常使顾客认为是经销商急于抛售。企业频繁使用营业推广，会引起顾客对产品质量、价格的怀疑。因此，营业推广只适合在一定时期、一定任务的短期性促销活动中使用。

一、营业推广的作用

1. 吸引顾客购买

吸引顾客是营业推广的首要目的，由于营业推广以直接的刺激信号和经济利益做诱饵，对顾客心理上的冲击性比较强，容易吸引顾客的注意力，可能使顾客追求优惠而使用产品。

2. 奖励品牌忠实者

营业推广的许多手段通常带有价格让步的成分，其直接受惠者大多是已经使用或正在成交的顾客，有利于扩大销售，巩固企业的市场地位。

3. 推动目标实现

营业推广往往采取优于竞争对手的价格或赠送让利于消费者，有利于广告宣传效果的增强，打破原有同类产品的市场平衡，降低消费者对其他企业产品的品牌影响力，从而达到本企业产品扩大销售的目的。

二、营业推广的问题

1. 影响面较小

营业推广只是广告、人员推销和公共关系之外的一种辅助促销方式，影响面小，影响力不大。

2. 刺激时效短

营业推广虽然刺激性强，但时效较短，只是一种短暂的促销方式，不能多用，不能常用。

3. 易产生疑虑

过分渲染或长期频繁使用营业推广，容易使顾客对经营者产生种种价值疑虑，这会导致消费者对产品或价格的真实性产生怀疑。

三、营业推广的方式

1. 用于消费者市场的营业推广

1）分期付款。由于汽车价格相对其他产品而言，一般比较高，普通消费者较难接受一次性付款，因此世界各汽车公司都有分期付款业务。

2）汽车租赁销售。汽车租赁销售是指承租方向出租方定期交纳一定的租金，以获得汽车使用权的一种消费方式。汽车专业租赁公司是继出租用车市场后又一大主体市场，是生产企业长期、稳定的用户之一。

3）汽车置换业务。汽车置换业务包括汽车以旧换新、二手汽车整新跟踪服务、二手汽车再销售等项目的一系列业务组合。汽车置换业务已成为全球流行的销售方式。

4）赠送礼品。购买汽车附带赠送部分礼品，在一定程度上刺激消费者的购买欲望。

5）抽奖促销。顾客购买一定的产品之后可获得各种形式的抽奖，通过抽奖获得奖品或奖金。

6）试乘试驾。邀请潜在消费者试乘试驾，刺激其购买兴趣，加强消费者的购买欲望，最终达成交易。

7）汽车展示。汽车既是现代化的交通工具，又是流动的“艺术品”，汽车以其科学的外形和艺术的色彩，使世界更加美丽。汽车产品一般通过车展、4S店和路演等各种方法向公众展示。由于展示的目的不同，其展示形式也各不相同。

车展的目的主要集中在汽车企业品牌的推广、产品科技的突破、企业实力的展示和产品文化的宣传上。

4S店的汽车产品展示，其目的是加深消费者对产品的认知与情感，推动消费者购买决意的确立和购买行为的产生。

路演的目的一般比较简单，主要是为了推动销售。

除此以外，汽车产品的展示也可以通过各种竞赛、俱乐部活动进行，这些活动的目的比较复杂，但更多的是为了张扬品牌，凸显自己在市场竞争中的地位。

8）使用奖励。企业为了促进汽车销售，对使用该企业汽车产品的优秀用户给予精神上和物质上的奖励。

9）联合推广。企业与零售商联合促销，企业与其他行业的企业合作促销，将各自能显示企业优势和特征的产品集中陈列、相得益彰，边展销边销售。

10）参与促销。通过消费者参与各种促销活动，如技能竞赛、知识比赛等活动，能获取企业的奖励。

11）会议促销。企业通过各类展销会、博览会、业务洽谈会，运用各种方式，进行产品介绍、推广和销售活动。

2. 用于经销商的营业推广

1）批发回扣。按照汽车生产企业的营销目标和策略，在某一时期内为争取经销商加大进货数量，加大给经销商的回扣。

2）价格折扣。汽车生产企业对经销商的购车给予低于定价的直接折扣。例如，鼓励经销商购买一般情况下不愿购买的汽车型号；增加其进货的数量；如果经销商提前付款，还可以享受更多优惠等。

3）折让补偿。汽车生产企业的折让用以作为经销商宣传其产品特点的补偿。广告折让用以补偿为该产品做广告宣传的经销商；陈列折让用以补偿对该产品进行特别陈列的经销商。例如，一汽大众汽车公司对其产品的专营公司免费提供广告宣传资料，以成本价提供捷达工作用车，优先培训等。

4）销售竞赛。根据经销商的销售业绩和满意度考核水平，分别给优胜者以现金奖、实物奖、免费旅游、度假奖等不同形式的奖励，激励经销商。

5）免费商品。对销售特定车型的汽车或销售达到一定数量的经销商，额外赠送一定数量的汽车产品，也可赠送促销资金，如现金或礼品等。

6）形象扶持。形象扶持包括：对经销商按照汽车生产企业的要求升级形象发生的费用予以资助；免费提供POP广告等各类宣传资料；派遣区域市场人员、营销人员、服务人员、管理人员对经销商进行现场辅导和服务支持，提高经销商的积极性和销售能力。

3. 用于内部员工的营业推广

通过销售竞赛、技术比武、免费提供人员培训、技术指导等形式，鼓励销售人员积极开拓新市场。

四、营业推广的控制

营业推广是一种促销效果比较显著但也容易引起逆反心理的促销方式，在运用营业推广的促销方式时，必须予以控制。

1. 方式要适当

选择好营业推广方式是促销获得成功的关键。运用营业推广方式时，要考虑产品性质、各种营业推广方式的特点，以及消费者的接受习惯等因素。

2. 期限要合理

营业推广的期限既不能过长，也不宜过短。时间过长会衰减促销刺激的作用，甚至会产生疑问或不信任感；时间过短会使部分顾客来不及接受营业推广的好处，收不到最佳的促销

效果。

3. 内容要真实

营业推广过程中要坚决杜绝欺诈及舞弊等短视行为的发生。营业推广这种促销方式本来就容易引起贬低商品价值的错觉，如果不严格约束企业行为，企业将会由此产生失去长期利益的巨大风险，自毁商誉。

4. 后期要宣传

在营业推广活动中，一般企业比较注重前期宣传而忽视中后期宣传，忽视营业推广中企业兑现行为的宣传，而这恰恰是消费者验证营业推广是否具有可信性的重要信息源。注意营业推广的中后期宣传有利于唤起消费者的购买欲望，提升企业的口碑，优化企业形象。

5. 产出要研究

营业推广要确定合理的推广预算，并在活动结束后科学测算营业推广活动的投入产出比，以确保促销活动的有效性。

第四节　汽车广告策划

一、确定汽车广告目标

一个成功的汽车广告首先要解决的是要采取什么策略的问题，而成功策略的第一步是确定汽车广告的目标。

1. 汽车广告目标

汽车广告目标是指在一个特定时期内，对特定的目标市场所要完成的特定信息的传播任务。这些目标必须服企业从先前制订的有关汽车目标市场、汽车市场定位和汽车营销组合等决策。

2. 汽车广告具体目标

汽车广告的具体目标一般是加强新产品宣传；扩大或维持产品份额；提高产品或企业的知名度；介绍新老产品的新用途；对推销人员一时难以接近的潜在顾客起预备接触作用；加强广告商品的品牌商标印象；帮助顾客确认其购买决策是正确的有利的；提高顾客对企业的好感；纠正错误或不实的传闻；在销售现场起提示作用，促进顾客直接购买行动；延长产品使用季节或提高对产品的变化使用和一物多用的认识，以增加产品的销售；劝诱潜在顾客到销售现场或展览陈列场所参观访问，以提高其对产品的认识，增强购买信心等 。

二、汽车广告目标分类

汽车广告按其目标可分为告知性、说服性和提醒性广告三种。

1. 告知性广告

告知性广告主要用在汽车新产品上市的开拓阶段，旨在为汽车产品建立市场需求。日本丰田汽车进入中国时“车到山前必有路，有路必有丰田车”的广告，以及上汽大众汽车最早的“拥有桑塔纳，走遍天下都不怕”的广告都是告知性广告的成功典范。

2. 说服性广告

说服性广告主要用于竞争阶段，目的在于建立对其某一特定汽车品牌的选择性需求。在使用这类广告时，应确信能证明自己处于宣传的优势，并且不会遭到更强大的其他汽车品牌产品的反击。

3. 提醒性广告

提醒性广告主要用于汽车产品的成熟期，目的是保持消费者对该汽车产品的记忆。例如，上海通用汽车公司在市场竞争中之所以能够屡得成功，关键在于本土化的品牌推广和产品开发战略。善于本土化运作的上海通用汽车公司多年来一直重视提醒性广告。

三、制订汽车广告预算

汽车广告在通过媒体传播之后有维持一段时期的延期效应。在采用变动成本处理账务的公司，虽然汽车广告费用被当作当期成本来处理，但其中一部分实际上是可以用来逐渐建立汽车品牌与产品商誉这类无形价值的投资作为回报的。因此，制订汽车广告预算时，要根据汽车企业实际需要和实际财务状况来确定费用总额。制订汽车广告预算要关注下列五个因素。

1. 产品生命周期阶段

企业推出新车型时，一般需要花费大量广告预算，以便建立知晓度和取得消费者的试用。已建立的品牌所需广告预算在销售额中所占的比例通常较低。

2. 市场份额和消费者基础

市场份额高的品牌，只求维持其市场份额，因此其广告预算在销售额中所占的百分比通常较低。而通过增加市场销售来提高市场份额，则需要大量的广告费用，如果根据单位效应成本来计算，打动有更多选择品牌的消费者比打动使用低市场份额品牌的消费者花费较少。

3. 汽车市场竞争程度

在一个有很多竞争者和广告开支很大的汽车市场上，汽车品牌必须加大宣传力度，以便高过市场的干扰声，让人们听见。广告的创意与新颖是取得目标市场注意的核心因素。

4. 汽车广告的频率

把汽车产品传达到消费者的重复次数，即广告频率，也会影响广告预算的大小。

5. 汽车产品的替代性

当一家汽车制造商或经销商打算在汽车市场众多竞争品牌中树立自己与众不同的形象，宣传自己可以提供独特的物质利益和特色服务时，广告预算也要相应增加。

四、汽车广告媒体选择

广告策划的基本命题是用有限的广告预算达到最有效的广告效果。为了达成这一目的，必须研究各类媒体资源的特点，根据需要选择媒体，并注意运用新媒体。

1. 广告媒体种类

广告媒体种类繁多，功能各有千秋，只有选择好适当的汽车广告媒体，才能使汽车企业以最低的成本达到最佳的宣传效果，对汽车的销售起到推波助澜的作用。

1）电视。电视的表现力极为丰富、生动，声情并茂、动静结合、虚实相间、表现自如，是当代社会最受关注的媒体之一。利用电视对品牌进行传播，优点是表现力丰富、传播面广、传播速度快、影响力大；缺点是成本高昂、互动性差、缺乏针对性，且因为可以夸张而缺乏真实感。电视媒体的特点见表6-2。

表 6-2 电视媒体的特点

媒体特征	优 点	缺 点
传播面大	活动影像 + 听觉冲击	渗透起点成本高
影响力大	到达率高	信息寿命短
视听结合	有实力的广告主形象	受众针对性差
诉求力强	经销商的支持	制作周期长、成本高
表现手段多样	成本效率好	广告干扰度大

2）影视。影视是各种高端品牌竞相角逐的媒体，将产品、品牌及其代表性的视觉符号甚至服务内容融入电影、电视、话剧等作品中，强化品牌宣传效果，继而达到营销目的，并将这种传播方式称为植入式营销。

例如，上海大众斯柯达明锐汽车参与拍摄电影《疯狂的赛车》，上海汽车荣威 550 汽车全程赞助话剧《杜拉拉》。

3）广播。广播媒体具有传播迅速、覆盖率高、针对性强、价格相对低廉的特点。它的优点是成本低、投放灵活、有一定的受众针对性、具有流动性、能够提供听众参与的机会；但覆盖率低、信息容量小、听众集中力分散、广告干扰度大、看不到产品的形象。广播媒体的特点见表 6-3。

表 6-3 广播媒体的特点

媒体特征	优 点	缺 点
传播迅速	成本低	覆盖率较低
覆盖率高	投放灵活	信息容量小
针对性强	有一定的受众针对性	听众集中力分散、短暂
表现力强	具有流动性	广告干扰度大
费用低廉	能提供听众参与的机会	不能看到产品的形象

4）静态媒体。静态传播是指利用报纸、杂志、海报、邮件、广告式订单、街头海报、体育场广告牌、城市巨幅广告等静态媒体来进行品牌营销活动。静态媒体的优点是价格低廉、可储存、传播面较大、针对性比较强；缺点是传播速度慢、信息容易失真、表现方式呆板、互动性差等。报纸媒体的特点见表 6-4。

表 6-4 报纸媒体的特点

心理特征	优 点	缺 点	心理特征	优 点	缺 点
消息性	快速、时效性高	色彩还原差	教育性	有一定的受众针对性	广告干扰度大
广泛性	权威性、信任度高	不适应灵活运作	方便性	制作成本低	缺少真实发行量
信赖性	信息量大而全	只有平面视觉冲击	保存性	消费者购买便宜	信息出现一次性

5）网络。网络传播是近年来一种全新的品牌传播方式，包括网上广告、网上商店、网上购物、网络销售等。网络传播具有高效率、低成本、不受时间限制、平等、互动、资源共享、选择自由度大、可实现一对一沟通的特点。

网络传播的优点是传播速度快、信息更新快，信息传递准确、表现力丰富、形式多样、互动性强、成本低、可储存，不受时间和空间限制。现在已经有越来越多的厂商通过网络媒体推广自己的品牌。例如，东风日产汽车公司前瞻性地将经典游戏连连看和骊威汽车合二为一，成就出众多兴奋点，进行品牌推广；从奢侈品牌宝马、保时捷、奥迪、兰博基尼到马自达、本田以及东风、奇瑞等大小厂商纷纷试水网络视频短片营销来推广自己的品牌。网络媒体的特点见表6-5。

表6-5　网络媒体的特点

传播特征	形式	优　点	缺　点
个性化	品牌条幅广告	受众针对性强	覆盖率较低
内容丰富	站点赞助广告、视频短片等	信息多媒体展示	到达人口成本仍然较高
便利性	下载时连带的广告	互动性强	信息可靠性辨识困难
互动性	插入广告、互动游戏等	可以明显显示效果、增强趣味性	服务水准有所降低
手段多样	电子邮件广告等形式	价格便宜	网站广告出现了杂乱现象

6）售点广告。售点广告也称POP广告，是指销售点广告或购物场所广告。售点广告以销售现场内、外的各种设施做媒体，有明确的诱导动机，旨在吸引消费者，唤起消费者的购买欲，具有无声却十分直观的推销效力。它可直接影响销售业绩，是完成购买阶段任务的主要推销工具。

7）新型传播媒体。现代电子技术的进步，使广告传播手段和方式有了很大的发展，出现了许多新的传播媒体，影视植入式广告、电子游戏型广告等新形式不断涌现，广告制作基本上实现了现代化。这些新型传播媒体，新奇、刺激、引人注目，具有独特的传播魅力。营销策划人员应当及时发现和有效使用这些新型传播媒体。

2. 选择广告媒体应考虑的因素

由于汽车产品的日益丰富，以及汽车市场竞争的日益激烈，消费者购买汽车的选择范围比过去任何时候都广，所面临的诱惑也更加多。为了抢占市场，中外汽车厂商都在使尽浑身解数，利用汽车广告向消费者传递产品的品质、功能、价格、服务等产品定位与诉求，以获得消费者的青睐。为此，如何选择广告媒体，提高广告传播的效能成为诸多厂商特别关注的问题。

（1）消费者的心理图像　不同类型的消费者在选购汽车时，有着不同的心理图像。私人用车关注的目标是自己的经济实力与对汽车价格、性能的理解；购买商务用车的用户最关心的是汽车的价格和使用期限；公务车用户尤其关心汽车的使用性能，包括动力性、舒适性、外观特征等。消费者购买汽车时最关心的6个问题依次是：安全可靠、合理价格、完善服务、乘坐舒适、优异性能和漂亮外观。为了对应消费者不同的心理图像，应当选择不同的广告媒体。例如，购买跑车的大多数消费者是中青年的成功人士，最关心的是汽车的优异性能，广播和电视就是最有效的广告媒体；又如，安全是汽车产品的首要因素，通用五菱汽车在《人民日报》刊登广告，广告语是“先买安全，后买汽车”，《人民日报》的公信力和凸显的安全诉求，使其大获成功。

（2）汽车产品的特征　电视和印刷精美的杂志由于在示范表演、形象化和色彩方面十分有效，对有优秀外观设计的汽车来说，这是最有效的媒体。因为它能充分体现汽车外观设计之美，给受众以视觉上的强烈冲击。但有的汽车广告就未必适合投放在电视和杂志上。例如，低速汽车主要消费者来自农村地区，他们的购买途径主要靠人际传播，他们更相信使用

经验和切身体会。

（3）广告信息的特征　汽车广告需要传播的信息特征和信息数量不一样，需要选择不同的广告媒体。包含大量技术资料的汽车广告信息一般要求专业性杂志做媒介。一条宣布近期有重要促销活动的信息，一般用广播或报纸做媒介比较合适。由于汽车产品的针对性很强，因此必须选择比较适合在专业杂志、报纸和其他媒体做广告，以使信息能直接面向特定受众，有助于用较低的预算实现预期的效果。

（4）广告费用预算　各种广告媒体特点不同，价格也不同。选择怎样的媒体做广告，还与费用预算密切有关。例如，电视广告费用非常昂贵，以播出时间长短和播放时段来计费；报纸广告与此相比而言稍微便宜；互联网广告的传播面广，而且不受时间、地域限制，价格一般只有传统媒体的1/10。厂商可以按照自己的广告预算及广告目标选择适当的广告媒体。

3. 广告媒体的评价指标

对广告媒体评价指标主要有以下八个方面的内容。

（1）权威性　权威性是衡量广告媒体本身带给广告的影响力大小的指标。

（2）覆盖面　覆盖面是指广告媒体在传播信息时主要到达并发挥影响的地域范围。

（3）触及率　触及率是一则广告推出一段时间后，接收到的人数占覆盖区域内总人数的百分比。

（4）毛感点　毛感点是各项广告推出后触及人数占总人数比例之和。这反映广告在某一媒体上能够达成的总效果。

（5）重复率　重复率是每一个接收到广告信息者平均可以重复接收此项广告的次数。

（6）连续性　连续性是指同一则广告多次借助同一媒体推出所产生的效果及其相互联系与影响，也可用来衡量在不同媒体上推出同一广告，或者同一媒体与不同时期广告运动间的联系与影响。

（7）针对性　针对性是表征媒体的主要受众群体的构成情况的指标，包括媒体受众的组成情况和媒体受众的消费水平与购买力。

（8）效益　效益是指衡量采用某一媒体可以得到的利益与所投入的经费之间关系的指标。

五、广告策划步骤

1. 前期准备

前期准备主要做两件事：一是市场情况分析；二是分析企业信息传播中存在的问题。

2. 调研分析

调研分析是指结合本企业的经营现实，对营销环境及经济政策、产业政策、政治、法律、文化等进行定量、定性分析，并提出结论性意见。

3. 产品分析

产品分析是指找出本产品在市场上存在的问题、机会点、消费者购买理由，并进行竞争产品比较。

4. 受众分析

受众分析是指明确自己目标消费群与之相关的媒体，以使宣传活动具有针对性。

5. 竞争分析

竞争分析是指找出现有和潜在竞争者，从企业发展、产品特征、营销广告策略等方面分析自己的优势和差距。

6. 广告目标确定

广告目标确定是指确定自己的广告目标是为了提高知名度，还是为了抑制竞争对手、品牌价值宣传、劝服消费者、改变消费观念，或是短期销售量的提升。

7. 确定目标市场和产品定位

确定目标市场和产品定位是指选择确定和细化目标市场，确定产品的进入策略。

8. 广告诉求与创意策略

广告诉求与创意策略是指提炼、确定广告所要传达的中心思想，针对诉求的对象、内容、要点和方法，提出创意的概念和具体创作要求。

9. 广告表现执行策略

广告表现执行策略是指确定将广告诉求和创意诉诸实施，确定广告的创意方案，媒体的发布策略，促销组合策略等，并以强有力的表现，以整体的媒体组合运作将信息传播给目标受众。

10. 制定实施计划

制定实施计划是指提出广告实施计划，落实媒体、预算，以及广告预热、广告效果测评等具体执行方案和执行日程表。

11. 广告工作总结

广告工作总结是指对广告进行有效的计划与控制，主要基于广告效果的测量。评价广告效果的目的，是要了解消费者对广告的接受和理解程度以及对推销商品所起的作用。及时总结广告工作有利于测定广告效果，改进广告工作。

广告工作总结一定会涉及广告沟通效果的评价和广告销售效果的评价。广告沟通效果的评价主要是广告对于消费者了解产品的认知度、知名度和偏好等方面的潜在影响。广告销售效果的评价主要是指广告导致的销售额变化和市场份额变化的评价。

广告收益率的计算式为

$$广告收益率=\frac{销售额增长率}{广告费用增长率}$$

例如，某公司进行广告促销，原广告开支为200万元，新增100万元投入广告，广告前销售额为1 000万元，新增广告后销售额增长了150万元，则：

$$广告收益率=\frac{150}{1000}\Big/\frac{100}{200}=30\%$$

结果可以认定，该公司的广告收益率为30%。

广告效果的评价公式为

$$广告效果=\frac{市场份额}{广告表达所占份额}$$

$$广告表达所占份额=\frac{本企业（本产品）广告支出}{全行业广告支出}$$

例如，某汽车营销企业有A、B、C三个子公司，各子公司的广告开支分别为200万元、

100 万元、50 万元，广告后的市场份额分别为 40%、28.6%、31.4%，具体资料见表 6-6。试根据表 6-6 资料计算哪家子公司的广告效果最好。

表 6-6　三家子公司广告效果比较表

公司	广告开支	广告表达所占份额	市场份额	广告效果
A	200 万元	57.1%	40%	70%
B	100 万元	28.6%	28.6%	100%
C	50 万元	14.3%	31.4%	220%

由表 6-6 可见，三家公司中 C 公司的广告投入绝对数量最少，但广告效果最佳。

六、广告策划策略

1. 广告定位

广告定位是指广告主通过广告活动，使企业或品牌在消费者心目中确定位置的一种方法。广告定位属于心理接受范畴的概念。它的目的是通过广告宣传，为企业和产品创造、培养一定的特色，树立独特的市场形象，从而满足目标消费者的某种需要和偏爱，为促进企业产品销售服务。

2. 广告定位方法

（1）抢先定位　抢先定位是指企业在进行广告定位时，力争使自己的产品品牌第一个进入消费者的心目中，抢占市场第一的位置。这是市场领导者的定位方法。实践证明，最先进入人们心目中的品牌，平均比第二的品牌在长期市场占有率方面要高很多，而且这种关系不易被改变。

（2）强化定位　强化定位是指企业不断加强产品在消费者心目中的印象，以确保现有的市场地位。实行强化定位应做到如下两点：一是不断加强消费者起初形成的观念；二是绝不给竞争者以可乘之机。市场领导者往往借助强化定位密切注视竞争者的动向，掌握竞争优势。

（3）比附定位　比附定位是指企业在广告定位中，不但明确自己现有的位置，而且明确竞争者的位置，然后用比较方法建立定位，找出本企业品牌与竞争者品牌、自己想要占据的位置与竞争者已占据的位置之间的关系，使自己的品牌为消费者接受，在消费者心目中开拓出能容纳自己品牌的位置。汽车企业利用比附定位策略的实例比比皆是。例如，韩国汽车打进美国市场采取了“日本车的质量，韩国车的价格”这一比附策略。比亚迪 F3 模仿其他车的成功造型，采取低价策略，本质上运用的也是比附定位策略。

（4）逆向定位　逆向定位是指企业在进行广告定位时，面对强大的竞争对手，采取远离竞争者的构想，打造自己独特的概念，以此使自己的品牌形象进入消费者心中。吉利造车之初，不与强势品牌正面冲突，明确提出“造老百姓用得起的车”，以低价吸引消费者，用的就是逆向定位策略。

（5）补隙定位　任何市场都有空隙。补隙定位是指企业根据自己产品的特点，寻找市场空隙，设法在产品大小、价位高低、功能多少等方面独树一帜，进行广告宣传。双环汽车曾经采用“一车顶三车”的方法推销它的多功能车，就是企图填补市场空隙。在中国汽车消费正在发生消费升级的情况下，有些厂家生产低速汽车，照样在多元化的市场上找到自己的盈利空间。

（6）公益定位　公益定位一般是指企业以企业公民的名义，通过赞助公益广告的形式，展示企业的良好形象，由此让消费者和社会公众更加了解企业。

3. 产品广告定位

（1）实体定位　实体定位是指在广告宣传中突出产品的新价值，强调本品牌与同类产品的差异性，以及能够给消费者带来的更大利益。实体定位又可以区分为市场定位、品名定位、品质定位、价格定位和功效定位。市场定位是指把市场细分的策略运用于广告活动，确定广告宣传的目标；品名定位是指利用消费者偏好的名称命名产品；品质定位是把广告定位在产品的品质上；价格定位是指把产品价格定位在比竞争产品价格更具竞争性的水平上，从而占领更多的市场份额；功效定位则是指在广告中突出广告产品的特异功效，使该品牌产品与同类产品有明显的区别，以增强竞争力。

（2）观念定位　观念定位打破既定的思维模式，创立超乎传统上理解的新观念。观念定位是指在广告中突出宣传品牌产品新的意义，改变消费者的习惯心理，树立新的产品观，包括价值观念、消费观念、社会道德观念、节能减排、低碳经济等观念，促使人们产生新的态度，推动购买行动。

4. 企业形象广告定位

前面章节已经讲过企业形象与品牌形象的区别。企业形象是组织的识别系统在社会公众心目中留下的印象，是企业物的要素和观念的要素在社会上的整体反映。现代企业形象是以企业形象识别系统理论为基础构成的企业识别系统，包括理念识别、行为识别和外在表征识别。企业形象广告定位应该围绕理念识别、行为识别和外在表征识别展开。

（1）理念识别（Mind Identity，MI）定位　理念识别定位是企业的核心和“统帅”。不同的理念识别不仅决定着企业的个性特征，而且决定着企业形象的层次高低与优劣。理念识别主要包括：

1）经营宗旨的定位，即企业的经营哲学，它主要包括经济观、社会观、文化观。

2）经营方针的定位，即企业运行的基本准则。

3）经营价值观的定位，即企业文明程度，企业的文化建设水准。

（2）行为识别（Behavior Identity，BI）的定位　企业行为识别定位具体表现为：实力定位、产品形象定位、经营风格定位、企业经营行为定位和文化定位。

实力定位是指在广告中突出企业的实力，其中主要是展示企业生产技术、人才、营销和资金，企业历史、现在和未来等方面的实力。

产品形象定位突出企业的主要产品或名牌产品在同类产品中具有的优势和特质，而这种优势和特质与企业整体形象的优势与特质具有某些方面的融合性，即具有企业整体形象的鲜明代表性。

经营风格定位是企业领导乃至全体员工的管理水平、经营特点和风格。

企业经营行为定位是指通过广告宣传，把企业经营行为、企业社会责任感传递给社会公众，以达到赢得支持和赞誉的效果。

文化定位就是企业在广告中突出、渲染出一种具有个性的、独特的文化气氛，其目的是使公众自然而然地为其所吸引，从而树立起企业在公众中的形象。

（3）外在表象特征（Visual Identity，VI）的定位　企业的外在表象特征又被称为企业

的视觉识别或企业的感觉识别，它是企业的静态识别符号，是对企业形象具体化、视觉化的直观传达形式，其传播力量和感染力量最为直接和具体。

5. 广告主题

广告主题是广告的中心主张，是广告的中心内容。有的广告采用理性主题，有的广告采用情感主题，有的广告采用道德主题。不管采用什么主题，广告主题的选材一定要注意追求快乐，体现经济性，强调商品质量、售后服务，凸显赞誉性评价和推崇时尚。从消费者心理、企业形象、购买行为、市场营销各个不同的角度出发，广告主题的目的各有不同。

（1）与心理有关的广告主题　与心理有关的广告主题一般有下面几个方面：以产品超越其他品种的新用途为主题；以显示产品功能、质量等方面优越性为主题；以证实购买广告产品带来的愉悦情感为主题；以加深消费者对产品商标的记忆，提高品牌知名度为主题；以强调产品美学特征为主题；以优美的语言、使用影响力大的媒体宣传产品，最终给消费者带来精神享受为主题；再三重复广告口号，加深消费者对企业和产品的印象为主题等。

（2）与企业形象有关的广告主题　这类主题的目的在于树立企业在某个领域内领导潮流的形象，包括：强调企业产品为提高消费者生活水平所做的贡献；突出企业强有力的市场销售地位；宣扬企业一丝不苟、埋头苦干、勇于进取、不甘落后的精神；强化企业国际化的良好形象，创造温馨亲切、让人流连的企业家庭氛围等。

（3）与购买行动有关的广告主题　与购买行动有关的广告主题以流行时尚引导消费者效仿，目的在于使消费者增加购买商品的次数；促使消费者购买刚打入市场的新产品；刺激消费者增加对所做广告商品的使用量；使消费者相信该产品的质量过硬；突出产品的独特之处，刺激消费者产生冲动购买；诱使消费者试用自己的商品，从而使竞争对手退出市场。

（4）与市场营销有关的广告主题　这些主题主要有：以有奖销售的方式吸引消费者购买；刺激消费者对某种品牌的基本需求；用粘贴防伪标志的形式，加强消费者的辨认度，用正当手段维权；大肆渲染马上入市的新产品，为刺激消费者购买做好心理准备；采用薄利多销的方式争取消费者；强调经营服务给消费者带来的便利；为消费者提供售后服务，免除消费者的后顾之忧；诱惑潜在的目标消费者加入消费行列，扩大产品的销售市场。

6. 广告创意

汽车营销策划人员必须用创造性思维进行广告创意。具体方法在市场营销策划部分已经作过详细介绍，这里不再重复。

西蒙对广告创意的策略进行分类后认为，好的策划应当注意下列问题：信息，不加渲染；说明，有逻辑地建立购买期望；心理诉求，在消费者需求这一特定的框架里解释；重复主张，经常性以笼统概念出现；指挥，用富有权威性的形象加强力度；符号集合，将产品、地点、事件、人或符号结合起来；模仿，提供免费式奖励；习惯起始，提供样板式传授使用实践。

7. 媒体碎片化时代的广告策略

企业在进行营销推广时，都希望消费者选择自己的品牌。互联网的出现，让信息变得普遍化、容易化。但是，信息传播过度也造成了大量相对垃圾的信息，增加了网络使用者对目标信息的寻找成本，增加了企业的传播成本，增加了企业寻找目标人群的难度。应对这种新的情况，汽车营销企业应当根据针对目标消费者的购买需求，通过互联网实施点对面、点对点的信息搜集，即设法把有用产品或者服务信息进行整理、归纳、聚合，以便目标人群更迅速、更准确找到这些信息，做到内容定向、行为定向，重视网民言论，并高度重视关键词的设计。

（1）内容定向　内容定向就是在与自身主题相关的媒体放置广告，例如新浪汽车频道放置汽车广告等。

（2）行为定向　行为定向就是根据用户的行为，识别目标用户，在其浏览的渠道上放置相应广告，例如百度的关键词广告等。把从内容推测浏览用户的需求属性，提升为根据行为识别用户的需求属性。

（3）重视网民言论　随着 Web2.0 的“人人都可以参与”时代的到来，博客、论坛、社交网站、微博、B2C 电子商务网站等各种形态的媒介纷纷出现。企业应当利用这些工具，倾听网民言论，搭建自己的博客等，与消费者进行正面的交流。

（4）重视关键词设计　企业为了便于消费者找到自己，在门户网站进行品牌的曝光展现，在垂直网站、网络社区、搜索引擎关键词上，通过“行业通用词、品牌词、产品词、长尾词、竞品词、组合词”等主题的分类，进行精准的广告覆盖，显得尤为必要。

8. 广告策划方案主要内容

汽车营销广告策划方案应包括下列内容：

1）前言。广告策划方案指导思想和基本设想。

2）销售目标。阐述广告目的以及具体营销目标。

小资料

汽车广告用户最看重广告语和画面设计

艾瑞咨询集团根据艾瑞广告创意喜好调研数据研究发现，广告语、广告画面设计是影响用户对汽车广告喜好度的重要因素。通过综合分析 10 个喜好度最高的汽车广告被消费者喜欢原因发现，广告语清晰明了和广告语有号召力是消费者选择最多的两个原因，平均消费者选择百分比分别为 18.1% 和 16.2%。其中，广告语清晰明了在所有 10 个广告中的消费者选择百分比均高于 10%；广告语有号召力在 8 个广告中的消费者选择百分比高于 10%。

广告语是传达广告信息最直接的手段。而看懂广告、了解广告所要表达的意思是消费者对广告的基本需求。广告语是满足这一基本需求的最有效途径。因此，广告语设计对广告的消费者喜好度具有举足轻重的作用。

除广告语外，广告画面设计也对消费者对汽车广告的喜好度有较大的影响。消费者选择百分比最高的 4 ~6 位均为广告画面设计方面的原因，平均选择百分比均高于 10%，其中图片设计精美平均选择百分比最高，达到 14.9%。

设计精美的广告画面暗合了汽车的这一深层内涵，满足了消费者对汽车带来的附加价值的追求。因此画面设计也是影响广告喜好度的重要因素。

此外，品牌好感度是影响消费者对汽车广告喜好度的另一个重要因素，消费者平均选择百分比达到 15.8%，排在第三位。

艾瑞咨询集团分析认为，汽车是品牌概念十分强的商品，汽车品牌通常代表了质量与地位。消费者选购汽车时，品牌也是重要的影响因素。因此，品牌好感度在影响汽车广告喜好

度的因素中扮演着重要角色。

与普遍认知相反，奖励活动和互动游戏在汽车广告喜好度影响因素中所占比较小，消费者最喜欢的10个汽车广告中，平均不到3%的消费者将这两个因素作为喜欢广告的原因，排在所有原因中的最后两位。

3）企业、市场、产品情况分析。说明企业概况，主要产品，企业优势，产品特征，销售地区、渠道、数量，竞争对手，以往宣传情况，目前销售存在的问题。

4）广告对象。进行目标消费者、产品定位、潜在消费者分析。

5）广告地区。明确目标市场、市场分布、销售趋势。

6）广告战略。进行战略说明、广告阶段研究、媒体组合、促销活动组合、其他广告手段、广告策略重点。

7）广告战术。说明媒体与促销的具体计划，说明广告战术、媒体实施计划、促销活动及其他手段说明。

8）广告设计制作项目表。明确广告设计制作具体项目、进行制作分工、明确时间要求。

9）广告主题、创意。明确广告主题，说明创意含义。

10）广告预算分配广告效果预测。说明媒体选择、广告预算分配，对广告效果进行预测。

11）执行控制。说明广告及市场营销费用预算，以及广告项目执行控制。

第五节　公共关系策划

一、公共关系概念

公共关系是指汽车企业在个人、公司、政府机构或其他组织间传递信息，以改善公众态度的政策和活动。公共关系包括以下含义：公共关系不仅指汽车产品的公共宣传，而且指树立汽车企业的形象、汽车产品的品牌形象。公共关系有助于发展企业与公众的关系，为汽车企业的发展创造一个良好的外部环境。公共关系通过媒体或直接传播的方式传播信息。

小案例

1. 宝马大力推广交通安全教育

2006年7月27日宝马集团为了在华普及交通安全教育，投入380万元人民币，推出了针对不同年龄段的交通安全普及教材。其中，包括面向驾校学员的《实际驾驶操作培训窍门》，面向在用车主的《机动车驾驶员手册》，以及专门面向少年儿童的《安娜和保罗及贝贝鼠》读物等，赢得了社会公众的认可。

2. 东风日产推出“天籁绿洲”项目

2006年7月4日，东风日产乘用车公司与中国绿化基金会在人民大会堂隆重举行了“天籁绿洲”项目的新闻发布会。这是东风日产汽车公司以公益、环保为主题的社会回馈行为。“天籁绿洲”公益活动在华北、华中、华东和华南实施城市绿地认养，推动生态环境建设。以森林公园、城市绿地、生态防护林、自然保护区以及著名风景旅游区等民众休闲旅游和生态防护功能的城市绿地为主要认养认建对象。东风日产汽车公司将把此项公益活动的资金捐赠给中国绿化基金会，和中国绿化基金会共同推进绿化公益项目的实施。

3. 上海通用雪佛兰红粉笔支教活动

2006 年 4 月 7 日，一支象征社会各界人士爱心的红粉笔接力棒由支教志愿者代表递交给丽江市政府领导，宣告由《21 世纪经济报道》主办、上海通用汽车雪佛兰品牌冠名赞助的“雪佛兰红粉笔计划”义务支教行动正式展开。“雪佛兰红粉笔计划”是一项乡村教育义务支教计划，参与计划的支教志愿者都是都市白领一族。“雪佛兰红粉笔计划”旨在呼唤都市年轻一族尝试全新的“快乐公益”生活体验。

（资料来源：《中国汽车报》摘录）

二、公共关系的作用

1. 建立知晓度

公共关系利用直接的人际接触和媒体宣传，来讲述一些情节，吸引公众对汽车产品的兴趣。例如，在上海帕萨特汽车的诞生过程中便充分利用了媒体宣传和各种公关活动，来吸引目标消费者对该款车的注意力。

2. 树立可信性

公共关系可通过社论性的报道来传播信息以增加可信性。例如，“一汽汽车质量万里行”的报道，获得了公众的认可和信任，提高了企业形象。

3. 刺激促销人员和经销商

公共关系有助于提高促销人员和经销商的积极性。新车投放市场之前先以公共宣传的方式披露，便于经销商将新车促销给目标消费者。

4. 降低促销成本

公共关系的成本比广告的成本要低得多，促销预算少的企业适宜较多地运用公共关系，以便获得更好的宣传效果。

三、汽车市场营销公关的工具

越来越多的汽车生产企业、汽车销售企业应用汽车市场营销公关来支持自己的营销部门树立和推广品牌形象，接近和影响目标市场。汽车市场营销公关的主要工具有以下几种。

1. 公开出版物

公开出版物包括汽车年度报告、小册子、文章、视听材料以及企业的商业信件和汽车杂志等。美国克莱斯勒公司的年度报告几乎就是一份促销小册子，向其股东促销每一种新车。小册子能在向目标消费者介绍汽车产品的性能、使用、配备等方面起到很重要的作用。汽车企业领导人撰写的文章能引起人们对汽车企业及其产品的注意。企业的商业信件和汽车杂志可以树立汽车企业形象，向目标市场传递重要新闻。

2. 公关事件

汽车企业通过安排一些特殊的事件来吸引人们的注意力，使人们对该企业的新产品和企业其他事件感兴趣。这些事件包括记者招待会、讨论会、展览会、竞赛、周年庆祝会、运动会和各类赞助活动。

3. 新闻传播

公关人员发展或创造对汽车企业及其汽车产品有利的新闻，并争取传媒录用新闻稿和参

加记者招待会。

福特汽车公司在甲板上发布新产品就是一次成功的公关策略。福特汽车公司的“金全垒打”在上市之前，针对新闻媒介的发布会极具创新性和新闻性，因而引起广泛关注，不但媒体作图文并茂的介绍，甚至创造话题，使该新车未上市先轰动。

4. 公关演讲

公关人员和企业领导人鼓动性的演讲能创造汽车企业和汽车产品的知名度，大大推动汽车产品的销售。企业负责人应经常通过宣传工具圆满地回答各种问题，并在销售会议上演说，树立汽车企业良好的品牌形象。例如，艾科卡在众多听众面前的具有超人魅力的讲话，大大增强了公众对克莱斯勒汽车的喜爱。

5. 公益活动

企业可以通过向某些公益事业捐赠一定的款项和实物，以提高企业声誉，扩大公司在这些地区的影响，提高公司的社会形象。

6. 形象识别媒体

通过企业的持久性媒体，广告标志、文件、招牌、企业模型、业务名片、建筑物、制服标记等来创造一个公众能迅速辨认的视觉形象，赢得目标消费者的注意。

四、公关活动的内容

公共关系的主要任务是沟通和协调汽车企业与社会公众的关系，以争取公众的理解、支持、信任和合作，从而扩大汽车销售。根据企业公共关系的对象和企业的发展过程，公共关系的主要内容总体上是围绕调节以下各种关系而确定的：汽车企业与消费者的关系；汽车企业与相关企业的关系；汽车企业与政府及社区的关系；企业与新闻界的关系；企业内部公共关系。

本章小结

进行促销策划必须掌握、人员推销、营业推广、广告公共关系的基本概念与特点；理解人员推销、营业推广、广告策划、公共关系的一般程序；从完整的意义上理解促销组合，综合运用促销组合。

作业与训练

一、复习思考题

1. 阐述销售促进策略的基本内容。
2. 阐述人员推销的形式、任务、步骤和特点。
3. 怎样进行汽车广告目标分类？
4. 简述广告策划的策略和步骤。
5. 如何撰写广告策划方案？
6. 媒体碎片化时代的广告策略是什么？
7. 汽车市场营销公关的工具有哪些？
8. 如何正确理解和运用销售促进组合，合理运用促销工具？

二、判断题

促销组合是指公共关系、人员推销、营业推广和广告。 ( )

三、实训项目：汽车销售促进策划案撰写

1. 对应知识

了解关于促销的一般理论，熟悉汽车营销促销方式的选择。

2. 实训要求

给定企业内、外一定的资源条件和费用预算，要求对某个汽车品牌的销售促进活动进行策划。

3. 实训目的

通过这次汽车销售促进策划案的撰写，使学生能进行资源的优化联动，能按照策划案基本写作格式进行具体促销活动的策划。

4. 执行提示

1）事先印制好《汽车销售促进策划案撰写》的实训报告。

2）了解几个不同品牌4S店汽车销售过程中所采取的销售促销手段。

3）布置实训要求：给定企业内、外一定的资源条件和费用预算，要求对某个汽车品牌的销售促进活动进行策划。

4）思考该店的汽车销售促销手段给该店带来的利益有哪些。

5）教师对该策划案进行指导。

6）组织若干学生交流策划心得。

7）教师小结，并给学生以鼓励性评价。

第七章

汽车营销策划实务

【学习目标】

1）熟悉汽车市场营销活动策划的原则

2）熟悉市场营销活动策划要点

3）掌握路演、新车上市、试乘试驾、新闻发布会、软文与广告写作、平面广告、网络营销、客户满意等几种市场营销活动的策划

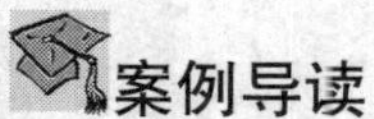案例导读

广汽本田事件营销：经典一撞

2011 年 3 月 23 日，一辆时速 40km 的第八代雅阁轿车突然撞向一名呈行走姿势的“人”，将之撞飞 10 多米远。

这一场景，来自广汽本田在天津中国汽车技术研究中心举行的国内首例行人保护碰撞试验。这位不言的“行人”就是广汽本田研制的新一代假人“POLARⅢ”。这是它在世界范围内的首次亮相，也是第一次跟实车进行公开安全碰撞试验。

这是一次看似简单的试验，过程却相当复杂。模样怪异的 POLARⅢ造价不菲，达到了约 800 万美元。它身高 1.75m，体重 78kg，拥有全球 50% 的男性特征。它周身多处安装有传感器，便于采集撞击时产生的各种数据信息。为扩大数据解析范围，广汽本田选择与人体特性相近的材料并改进了假人外形。

中国汽车市场非常具有潜力，但是在这个全球最大的汽车市场中，目前的交通事故状况仍然令人担忧。因此，广汽本田希望通过这次公开的行人碰撞试验唤起人们对于交通事故中最弱势的群体——行人安全的重视。

阅读以上案例，思考下列问题：

1. 在事件营销中应当如何营造“事件”

2. 这次事件营销的根本目的是什么？

第一节　营销活动策划及方案设计

一、营销活动策划的原则

汽车市场营销的每一个活动一般可以分为问题提出、目标关注、创意产生、活动策划、

条件落实、信息传播、活动实施、效果测定、市场回声等各个阶段，这些阶段串联成了一个不可分割的整体，各个阶段相互独立又相互联系，整个活动与市场之间始终保持着一种互动关系。若缺少对市场实际的认真研究，若缺少对策划原则的周全思考，则策划难以取得良好效果。一般来讲，营销活动策划要遵循以下原则：

1. 需要原则

策划市场营销活动的目的是突破销售难点，推动企业形象建立和产品的实际销售。策划所有营销活动，必须考虑企业的实际需要，不能凭兴趣和想象行动，要明确展开活动的目的究竟是为了树立形象、告知情况、开展公关还是推动销售。

2. 时机原则

策划市场营销必须重视时机的选择，通常应当根据不同的营销活动，分别选择传统节日、新兴节日、重大社会事件、企业内部重大事件、产品重大事件等各种时机进行。

3. 区域原则

对汽车经销商来讲，市场竞争首先是地域竞争。经销商活动具有一定的区域局限性，必须了解所在范围之内的消费者喜好和追求的活动方式。我国幅员辽阔，各地的经济发展水平和人文特点不尽相同，营销活动必须适应地域特征。

4. 目标原则

每个具体的市场活动分别指向一定的目标人群。例如，新领驭汽车和 POLO 汽车所面对的目标消费群大不相同。为此，汽车市场营销活动的策划必须符合目标消费群的特点，选择合适的活动内容和方式。

5. 单一原则

具体的市场营销活动信息要单一；内容要简洁；创意要凸现；内容要可控；过程要轻松；结果要预计；费用要节省；并尽可能排除与活动无关的多余信息，使用户更专心于活动本身。

6. 效果原则

效果原则即最大化传播效果的原则，现在信息传播的手段十分丰富，除了通过传统媒体传播信息外，可以通过事件、流行、视频、故事、博客等各种手段传播信息，达到效果最大化的传播目的。

二、营销活动策划要点

需要明确的是，市场活动是企业营销部门通过一定的方式，将汽车产品的信息及购买途径传递给目标消费人群，激发他们的购买兴趣，强化购买欲望，创造需求，促进汽车产品销售的活动与过程。其本质是要传播与沟通信息，促进销售，强化购买欲望，创造需求。

1. 确定一个核心

市场活动必须明确目标。一般的市场活动目标主要是：清理库存，提升销售量，打击竞争对手，新品上市，提升品牌认知度及美誉度，加强与客户的联系与情感交流等。然而，一次营销活动不可能解决企业的所有问题，必须首先解决营销活动的核心定位，千万不要面面俱到。这样才能真正做到与众不同、鹤立鸡群，达成企业营销活动的核心利益。

2. 找准一个出发点

市场营销活动的策划要有针对性，关键是要引起细分人群的兴趣，而不是故作姿态，哗

众取宠。成功的营销策划一定要与顾客的兴趣与欲望密切相关，并与顾客的利益紧紧相扣。顾客的需求有可能在这里得到某种满足，营销活动才能成功。有效的促销不一定是出血让利，促销的精髓在于让客户有“难得”的感觉。

3. 紧扣一个主题

营销活动的主题确定以后，必须给以动人心弦的核心包装，以使主题更加鲜亮、突出，让受众过目不忘。营销创意具有无限可能性，主题的选择范围很广，但是一次活动的主题必须清晰明亮。

4. 营造一个概念

21 世纪是消费者的“梦幻消费时代”，生理上的特质满足已不是诉求的重点。心理上、情感上、心灵上的“造梦”，才是顾客整体满足的中心点。营销在本质上已经演化为概念之争。从这个角度理解，概念、感觉也是产品。市场营销活动策划，必须重视从感觉、梦想、服务、缺陷、气氛、方法等方面营造一种概念，去满足消费者的需求。例如，一些造型个性化的车辆实际上卖的是年轻、感觉、信心、温情和风姿绰约；一些品质超众的汽车，卖的是梦想和身份；一般的汽车销售卖的是环境、知识、售后服务、选择、放心、责任心、专业等。

5. 打造一句口号

市场营销活动应当策划一个激动人心的口号。这种口号不是“请消费者注意”，而是“请注意消费者”，口号的策划应当用消费者的语言进行感性创意。早期汽车广告语中，“车到山前必有路，有路就有丰田车”，给出的是消费者安全；“拥有桑塔纳，走遍天下都不怕”，给出的是放心；1997 年福特在上海《解放日报》上刊登的标题是：“听取您的意见是我们生产每一部福特汽车的必经之路”，给出的是消费者的利益保证。又如，日产汽车公司（以下简称‘日产”）曾经提出“车子的表现并不是最重要的，重要的是开着这部车子的人。所以，我们设计的重点，在于适合您的身体，还有您自己”，这个口号隐含汽车的质量已经毫无疑问，现在日产关心的重点是驾驶汽车的人。这些看似通俗的口号，激动人心，因而充满力量。

6. 保持一个口径

企业经常组织市场营销活动，或者在同一时间举办好几个活动，口径应当统一，不能随意定调，更不能自相矛盾，要想达到营销活动的预期效果，必须保持一个口径，进行众口铄金的攻心，以利于通过反复刺激，打动消费者。

7. 坚持一贯性

目标一旦确定，必须紧盯目标、步步跟进。一个企业，一个产品、一项服务等营销活动的策划，应当始终围绕既定的目标开展，不能脱离目标。营销活动策划不能千篇一律，是指必须富有创意，而且始终不脱离目标。所谓不脱离目标是指所有策划都是：有具体原则、数量、质量和时间限制而且是可以测量的；有吸引力，而且整个团队愿意为此付出代价的；有现实可能性，有一定把握，有预定措施的；有时间表，有步骤，并且有清晰的眼前、中期和长期目标的。

8. 考虑一盘棋

营销策划的目的是使企业形象和它的产品与服务在消费者和社会公众面前演绎得更加突显、更加动人、更加充满活力，因此它是谋势而不是单独的局部运筹，因此必须考虑将每次策划放到整个企业的战略框架、营运目标中去检验，以使策划成为整个企业实现营销目标当中的一部分，而不是脱离企业战略目标的单独活动。

三、市场营销活动的方案设计

市场活动方案的设计包括以下 12 个方面。

1. 活动目的

要明确营销活动的目的是为了促进销售还是为了扩大影响。

2. 活动对象

要明确活动参与者的范围，包括目标客户、邀请嘉宾、合作对象、现场观众、工作与服务人员等。

3. 活动主题

要确定活动主题、包装活动主题。

4. 活动方式

要明确活动动用的资源、整合方式、活动方式、活动程序与刺激当量。

5. 时间地点

要明确活动的确切时间和地点，包括明确到每一时间段的安排和现场布置图。

6. 广告配合

要明确选择媒体、广告方式、预热时间、新闻报道、事后跟进方式等。

7. 实务安排

要明确人员安排、物资准备、试验方案。

8. 活动执行

要考虑好活动纪律与现场控制，包括天气变化、重大活动冲击、人流疏散等安全问题。

9. 效果巩固

要做好活动总结，跟踪报导、业绩推动跟踪，以及效果分析。

10. 费用预算

要做到分类列项，具体到每一项子项目的费用，尽量通过协作方式，分解费用负担。

11. 预外防范

要做好茶水供应、交通安全、突发事件处置等预案。

12. 效果预估

预先设定目标，预估活动效果。

第二节　典型市场营销活动的策划

一、典型的市场营销活动

为了达到市场活动的目标，市场营销活动十分强调沟通。市场营销活动不但强调由卖方向买方的单向沟通，更加重视买方向卖方的沟通。

汽车行业的市场营销活动内容丰富、名目繁多，包括人员促销、公共关系、营业推广、

广告促销等多种形式。典型的营业推广活动有：降价促销、现金奖励、购车送礼、提供免费服务等；典型的公共关系促销活动包括参与体育赛事、开展公益活动等；典型的人员促销活动包括试乘试驾、现场促销、组织车友活动，与其他商家联手活动，以及其他种种新颖的市场营销活动等。典型的广告促销活动包括广告、展示、说明书、宣传报道等。

二、几种市场营销活动的策划

1. 路演的策划

路演、巡裘是目前汽车行业最为常用的宣传推广手段，费用小且具有针对性。当前路演活动的主要问题是过于随意，基本千篇一律，缺少事先策划。要使路演充满活力，除了创意以外，必须精心准备，包括：路演的目的思考；路演的主题确定；协作单位的确定；路演舞台的搭建；路演的情景设计；展示车辆的选择和排放；节目的设计和安排；活动人员的分工与安排；现场咨询的各种准备；现场情况记录的落实等。

路演策划主要包括以下几个方面：

（1）人员分工　路演策划要进行人员组织安排与责任落实，将方案中的具体事务责任落实到部门，然后由部门落实到个人，每个人知道自己在该方案中是什么职责，避免出现责任不明，具体事务没人做的情况。人员分工一般可以分为：

促销组——确定促销方案；准备促销用品；确定促销场地；培训促销人员；执行促销活动；促销活动结束时提交总结报告。

调查组——熟悉促销方案；培训调查人员；确认促销场地；进行促销活动执行前的调查；进行促销活动执行中调查；进行促销活动结束后调查；集中数据、分析数据、提交报告。

（2）人员培训　要使促销活动成功举行，必须高度重视人员关于路演活动的专题培训。培训内容包括：促销活动的意义；促销活动的目标与主题；促销活动的内容与安排；明确参与促销活动各人员的职责；学习与促销内容相关的产品知识与市场知识、沟通技巧与异议处理方法的培训；危机情况的预防与应急处理措施；统一相关的说法与宣传口径；时间安排、进度调整和控制。

小资料

路演小游戏——寻宝大行动

参加人员：集体

游戏规则：先准备好“宝物”（即字条上可以写“表演节目”、“获得奖品”等），然后把宝物分布在各个隐蔽的地方，接着，各寻宝者开始找寻“宝物”，找到“宝物”的寻宝者不得随意打开“宝物”，由主持人对奖。主持人根据“宝物”的内容给“宝物”的主人对奖。比如，宝物里写着“学猫叫三声，奖励苹果两个”，那么“宝物”的主人就得按“宝物”的内容去做，然后，主持人给予相应的奖励。

路演小游戏——看看谁“最笨”

适合于圆桌排次，由主持人起头，由“1”开始报数，依座次“2”、“3”、“4”、“5”、

“6”，到“7”时不能喊出来，以拍手或敲击桌子代替，当数到“14”、“17”也是如此，即逢7或7的倍数或含7的数字均以拍手或敲击桌子代替，出错或太慢则罚。该小游戏俗称“明七暗七”。

(3) 各种准备　路演活动的准备工作非常细腻，涉及的方面很多，稍有疏忽就会影响路演活动的进程和效果。这些准备工作需要具体到：舞台和背景板的设计与搭建；音响安置；模特的选择与训练；型录、车贴、广告展示架、空飘、气柱、彩虹门、磨砂气球、桁架、丝印、花篮、演艺人员的落实；进行媒体选择与组合，以使信息有效发布。

(4) 八个到位　路演活动要做到八个到位：

1) 活动创意到位。要从新由头、新卖点、新活动形式，促销性、公益性、权威性、新闻时事性等方面展开策划。

2) 前期宣传造势到位。要确定媒体广告组合和新闻炒作的主题、内容和形式。

3) 政府公关到位。做好场地协调、交通疏导、领导邀请等工作。

4) 组织分工到位。要做好前期准备、活动执行、活动后监控，并将责任落实到人。

5) 现场气氛到位。布置好横幅、彩旗、展板、样车等，并规定人员形象、做好现场组织等。

6) 人员培训到位。必须对参与活动的所有人员进行全员培训。

7) 终端建设到位。路演活动要尽可能做到厂商配合，以争取资源和经济支持。

8) 新闻报道到位。要制造新闻卖点，写好统发稿，便于媒体报道。

(5) 效果评估　在路演活动中，必须注意活动投入成本的评估，花很少的钱，办更有效的事。除了注意每一项成本的控制之外，可以采取协同营销的方法共同分摊费用，化解成本压力。必须强调，所有促销活动都必须进行该活动对业绩提升和客户开发成果的评估，评估时间段的长短要根据营销活动的规模决定。规模大、过程复杂的营销活动，评估的周期就要相对长一些。一般情况下，以3~6个月为宜。对结果的评估，一般认为组织成功营销活动销售额增长所获得的纯利润应是营销活动投入的1.5倍；如果销售额增长所获得的纯利润只是营销活动投入的0.5~1倍，则说明该营销活动并不是成功的；如果销售额增长所获得的纯利润只是营销活动投入的0.5倍以下，说明该营销活动是失败的。

2. 新车上市的策划

各种品牌汽车新车上市的策划，对新车进入市场以后的表现影响十分重大，对此各个厂商都十分重视，但效果各不一样。新车上市策划至少包括以下几个方面：

(1) 策划文案　新车上市应贯彻先谋后事的原则，需要事先形成一系列策划方案，包括：市场营销总策划案；市场需求调查报告；新车市场地位、收益性、成长性和竞争强度分析报告；新车战略思考及推广策略；产品组合与报价策略；产品生命周期管理策略；新车营销渠道策划；新车展示策划案；新车上市媒体见面会策划案；新车试用策划案；协同营销策划案；赏车及巡游策划案；新车市场营销与组织安排策划；新车上市活动策划案；新车媒体推广策划案；新车谍照与平面设计策划案；新车服务手册策划；新车市场推广与服务规范策划；新车网上推广策划案；新车市场营销控制与管理策划；新车未来市场预测及应对策略报告等。

(2) 策划要点　有一家汽车制造厂对新车上市策划提出富有创意的16个“一”的策略，具有普遍意义。16个“一”具体是指：一表人才，汽车的造型要有时代气息；一丝不

荀，新车的做工要精益求精；一展风采，新车出展要尽显风采；一下一上，量产的数量要有安排，下线要做到胸中有数；一鼓作气，新车信息发布要充满信心而且一以贯之；一招制胜，渠道为王　上市产品要选择优秀渠道；一鸣惊人，新车上市的造势要激荡人心；一星难求，代言人要凸显个性，明星当然有用，但不要忘记民间人物或借用动画等虚拟明星；一诺九鼎，新车的品质、服务承诺要完全兑现；一砸千金，广告要集中火力，但要选好媒体，注意有效性和经济性的统一；一气呵成，策划要整体推进，活动要有节奏地展开；一网打尽，新车上市要重视新媒体，传播要重视网络；一箭难防，过程要预防对手的动作，主动出击，警惕枪手；一团和气，高度注意公共形象；一枪打中，策划不离开目标，牢记目的是要抢占市场；一飞冲天，策划的关键在价值创新，满足消费者的需求。

3. 试乘试驾策划

（1）试乘试驾目的　试乘试驾是产品介绍的延伸，是让顾客动态地了解车辆有关信息的最好机会。试乘试驾需要经过精心策划，在试乘试驾过程中，应针对顾客需求和购买动机，以顾客的实际体验强化品牌产品优势，让顾客能动态而且感性地了解车辆，增强顾客的购买信心，获取更多的顾客资料与信息，以利于销售活动的成功完成，激发顾客的购买欲望，为签约成交作准备。

（2）试乘试驾流程　试乘试驾有着严格的流程，这是因为试乘试驾不仅涉及活动本身对销售的推动效果，而且牵涉到乘驾人员、车辆和路人的安全等众多问题。为使试乘试驾活动达到预期效果，必须认真执行试乘试驾流程。

试乘试驾的基本流程是：

第一步：试乘试驾的各种准备工作，包括车辆准备、道路选择和驾驶人员的驾驶证件查验等。

第二步：试乘试驾活动的协议签订，向顾客做试乘试驾概述，询问顾客是否愿意亲自驾驶，复印顾客的驾驶执照，请顾客签订保证书，确认试乘路线，向顾客解释车辆仪表板的功能。

第三步：销售代表驾驶、顾客试乘。这一阶段首先由销售代表驾驶，行驶一段距离后，将发动机熄火。

第四步：试乘试驾换手，帮助顾客就座，确保顾客乘坐舒适，顾客在熟悉车辆时，销售人员应保持沉默，在顾客驾驶过程中介绍车辆的性能和优点。

第五步：客户试乘试驾小结。试乘试驾后，销售人员应询问顾客是否喜欢试乘试驾的车辆、是否有购买意向，回展厅的路上，带顾客参观售后服务部门，并寻求与顾客的共识。

（3）试乘试驾线路　选择的试乘试驾路线应能够体现汽车的动力性、操控性和舒适性。试乘试驾线路图如图 7-1 所示。

（4）试乘试驾各路段要点策划　出发前，将座椅调整到舒适位置，介绍车门开闭的声音、发动与怠速运转的特点、发动机性能，让客户体验转向盘的把握感觉，感受怠速时的静谧性。

直线提速时，介绍汽车的加速性能，电子节气门的优势等。

巡航行驶时，介绍变速器变速的平顺性等。

高速转弯时，要注意减速，介绍室内的隔音静谧性、音响系统、巡航定速系统（若配备）。

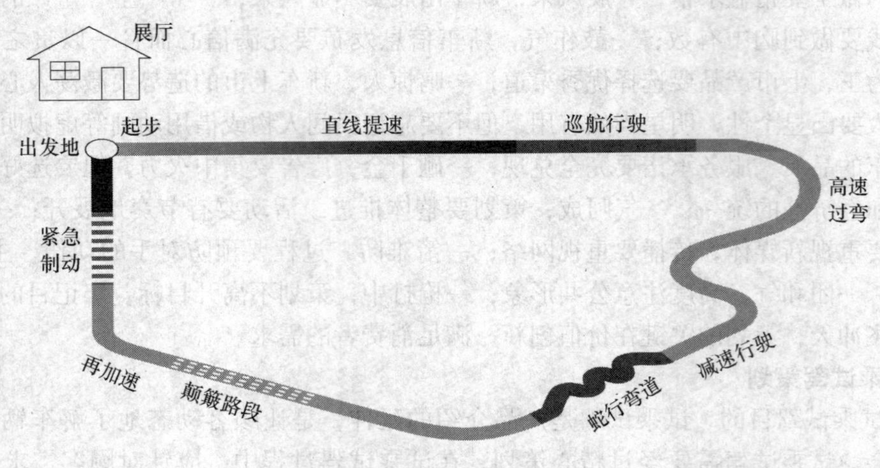

图 7-1 试乘试驾路线图

通过蛇形弯道时，蛇形弯道一般应是平坦、宽阔的柏油路，建议车速不超过 60km/h，主要介绍车辆操控与稳定性能，转向的准确性，前座椅的包覆性与支撑感。

减速行驶时，建议车速不超过 40km/h；介绍制动踏板的响应性；减速时车身的稳定性；演示最小转弯半径、灵活性和制动踏板的响应性；介绍减速时车身的稳定性；底盘、悬架的稳定性；轮胎的抓地力。

通过颠簸路段，一般设计为坑洼的柏油路或沙石路，长度应不小于 500m。通过这一路段建议车速 20 ~ 40km/h。主要介绍：悬架带来的良好操控性和驾乘舒适性；车底对路噪的隔声效果。

车辆再加速时，主要介绍发动机动力性能，尤其是后段的加速性能。

紧急制动时，主要介绍 ABS + EBD；紧急制动时车辆的稳定性和可操控性。

停车时，主要介绍电动助力转向的轻便与灵活；转弯半径与倒车的安全性。

4. 新闻发布会的策划

召开新闻发布会或新闻通气会的目的，是要通过媒体的力量迅速发布产品与服务信息，推广企业或领导的形象，事先必须做好相关准备。开好新闻发布会需要策划好下列内容：

（1）媒体邀请　要根据需要选择邀请媒体。为了实现建立品牌知名度、提升品牌知名度、引导消费者、吸引使用产品、传达促销信息和引导消费等不同的目的，选择与目标受众密切相关的媒体，以保证信息的到达率和有效率。

（2）新闻发布　新闻发布要淡化商业概念，提出与国家政策法规相符、与社会主流舆论相符、与科技进步有关、与消费者关注的话题有关、与企业社会责任和企业家品格垂范相关的新闻由头。

（3）新闻通发稿　稿件要有符合社会需要和消费者需求的亮点，具有信息冲击力。

（4）软文跟踪　软文跟踪的目的是反复巩固新闻发布的效果和目的达成。

（5）形式、发布内容及会场安排　活动形式要新颖、发布内容要清晰、会议地点要方便，有利于吸引媒体记者参与。

（6）协同单位　协同单位非常重要，要借势、运势，必须考虑寻找具有合作可行性和

行业权威性的协同单位开展协作。

（7）现场展示物　现场展示车辆，呈现形式要力求具有创意、夺人眼球。

5. 软文与广告写作策划

（1）软文与广告的区别　软文与广告具有相同的目的，但写作要求各不相同。

软文写作必须全部真实、不能虚构；传播媒介主要是广播、报纸、电视、杂志；受众和诉求对象是公众群体，追求最大覆盖面；它的时效性在第一时间、一次性传播；写作要顺应倾向性原则，不带有功利性商业化色彩，满足文学写作要求，文章要能够感染受众，传达作者感受、感情。广告则不同，广告的内容部分真实，可以虚构；可以使用的媒体较多，包括广播、报纸、电视、杂志、户外路牌、车体广告等都可以使用；它有特定的诉求对象，可以多次性、反复性、持续性地传播，它的写作要更多地体现劝说性原则，是一种功利性商业化写作；它的写作规范是按企业、产品、创意写作，劝服受众、传达企业产品服务信息。

（2）软文标题写作　软文写作的目的是引起目标群体的好奇，让他们有兴趣读下去。软文标题大致可以分为4类：一是新闻式标题，以发布新闻的姿态传递某种信息；二是悬念式标题，在标题中设置某种悬念，引发诉求对象的好奇心理，引导读者寻求结局；三是疑问式标题，以设问或反问的方式，引起诉求对象的好奇心理，达到出人意料的效果；四是叙述式标题，以直白的表述方式传达文章的核心内容。软文标题创作首先要研究的不是写，而是看。只有明确软文写作究竟要让读者看什么，才能写出不看内文就明白要说什么的好标题。

（3）软文创作要点　软文的长短应该按照需要而定，但短的一定要精悍，长的一定要清晰。文章中要尽量使用一些贴心的关键词，尽量不要摆“迷魂阵”。软文的主题要有力量，清晰利益表达，抓住要素和重点。写作软文要明确传播目标，是为了达成销售、吸纳会员还是巩固客户。软文写作要明确信息终端目标，一是通过什么信息平台；二是传递给哪些读者群体。软文的主诉求要突出，只能有一个鲜明的主题，不能四面出击。软文的副构想要有利于凸显主题，给主题一个重要的补充。软文的关键词要清新，让人看了以后有眼前一亮、深入内心的感觉。软文的基调一定要快乐、积极、向上。软文最终媒体和媒体群的选择要与软文的性质相匹配，以使诉求得到精准有效的传播。

（4）用读者喜爱的词　软文创作选用怎样的词非常重要，一般应当选用愉快的、鲜明的、阳光的词。例如：免费、新、是、革命性、亲密、免费试用、诚邀、秘诀、优惠、现在、保证、祝贺、买赠、省钱、请勿寄钱、时尚、成功、简洁、精彩、聪明选择等。

（5）软文文案要素　一篇好的软文应当具备下列要素：彰显产品灵魂；一看就懂；主题鲜明；文字清新有力；版式舒适；没有错别字；数字和符号表达准确，通俗易懂；文字流畅、精确，能够自圆其说；广告正文有血有肉、有证据，尽量直接一语中的；使用的言语积极肯定；内容容易记忆，广告词朗朗上口；文章中可以借助名人、典故、事件和同理心；文章表达的目标不仅是企业所想要的，而是消费者正想要的；文章的结构和布局要合理。为了保证软文的传播效果，软文刊出前应当竞稿，以保证传播效果。

6. 网络营销策划

（1）平台性原则　1969年，美国国防部高级研究所计划局为军方建立了“ARPANET”实验网络，成为互联网的雏形。1991年，美国政府宣布互联网向社会公众开放，允许在互联网上开发商业应用系统。互联网的出现使越来越多的传统商务活动开始转移到互联网平台上，形成了基于互联网的电子商务。

网络营销是运用以国际互联网络为基础的电子商务平台，利用数字化的信息和网络媒体的交互性来辅助营销目标实现的一种新型的市场营销方式。狭义的电子商务，通过信息技术的应用实现商业交易流程的转换；广义的电子商务，则通过信息技术的应用实现商业全流程的转换。研究和开展网络营销必须高度重视电子商务平台。

（2）系统性原则　网络营销是以网络为工具的系统性的企业经营活动，是一项复杂的系统工程。策划人员必须以系统论为指导，对企业网络营销活动的各种要素进行整合和优化，使信息流、商流、制造流、物流、资金流和服务流“六流”皆备，相得益彰。

（3）准确性原则　技术、渠道都是实施手段，唯有独到的创意、细致的分析、精准的定位、出色的策划思考，才是策划的精髓。网络营销策划只有在“创意独到、软性营销、特色炒作、共鸣性传播”上下工夫，才能做到广度宣传与深度渗透。

（4）创新性原则　网络为顾客对不同企业的产品和服务所带来的效用和价值进行比较带来了极大的便利。在网络营销方案的策划过程中，必须在深入了解网络营销环境尤其是顾客需求和竞争者动向的基础上，努力营造旨在增加顾客价值和效用、为顾客所欢迎的产品特色和服务特色。

（5）操作性原则　网络营销策划的第一个结果是形成网络营销方案，网络营销方案必须具有可操作性。也就是说，网络营销方案是一系列具体的、明确的、直接的、相互联系的行动计划的指令，一旦付诸实施，企业的每一个部门、每一个员工都能明确自己的目标、任务、责任以及完成任务的途径和方法，并懂得如何与其他部门或员工相互协作。

（6）经济性原则　网络营销策划必须以经济效益为核心。网络营销策划不仅本身消耗一定的资源，而且通过网络营销方案的实施改变企业经营资源的配置状态和利用效率。网络营销策划的经济效益是策划所带来的经济收益与策划和方案实施成本之间的比率。成功的网络营销策划应当是在策划和方案实施成本既定的情况下取得最大的经济收益，或花费最小的策划和方案实施成本取得目标经济收益。

7. 客户满意策划

（1）完整的客户概念　客户不仅是指直接购买产品和服务的终端消费者。完整的客户概念认为，客户应当包括：终端客户，即购买最终产品与服务的零售客户，通常是个人或家庭；B2B 客户，是指将购买企业的产品或服务并附加在自己产品上一同出售给另外的客户，或附加到他们企业内部业务上以增加盈利或服务内容的客户；渠道、分销商和特许经营者，是指不直接为企业工作，并且一般不需要为其支付报酬的个人或组织，他们购买产品的目的是作为企业在当地的代表进行出售或利用企业的产品；内部客户，企业内部的个人或业务部门，他们需要企业的产品或服务，以实现他们的商业目标，这通常是容易被企业忽略的一类客户，同时又是最具有长期获利性的客户。

（2）汽车服务工程　汽车服务首先让人联想到是指汽车的售后服务，尤其是汽车的维修服务。其实，汽车服务涵盖的工作内容非常广泛，不仅仅是指汽车的售后服务，它是一项完整的工程。汽车服务工程可以从不同的方向进行分类：按照服务的技术密集程度，汽车服务可以分为技术型服务和非技术型服务；按照服务的资金密集程度，汽车服务可以分为金融类服务和非金融类服务；按照服务的知识密集程度，汽车服务可以分为知识密集型服务和劳务密集型服务；按照服务的作业特性，汽车服务可以分为生产作业型的服务、交易经营型的服务和实体经营型的服务；按照服务的载体特性，汽车服务可以分为物质载体型的服务和非物质载体型的服务。

汽车服务无论是技术性服务，还是非技术性服务，其工程特色均十分明显。技术性服务的大部分工作内容，属于机械电子工程的范畴；非技术性服务的工作内容，属于管理工程的范畴。汽车服务的各项工作内容相互联系，组成一个有机的工程系统，因此是一项服务工程。

汽车服务工程泛指新车出厂后进入流通、销售、购买、使用直至报废回收各环节的各类服务工作，这些工作与人的态度、知识、技术、管理组成有机的服务体系。许多人把汽车服务当做纯技术工作，因而进行工厂化管理，但是事实上，汽车服务更多的成分在于“服务”，以服务产品为其基本特征，属于第三产业范畴。

（3）汽车服务工程的内容　汽车服务工程的内容十分广泛，包括：汽车厂商的分销流通及物流配送服务；汽车选购服务；汽车厂商的售后服务；汽车的维修、检测、养护、美容与装饰服务；汽车配件经营与精品销售服务；智能交通服务；废旧汽车的回收解体服务；汽车金融服务；汽车租赁服务；汽车保险服务；汽车置换和旧车交易服务；汽车驾驶培训服务；汽车信息资讯服务；汽车市场与场地服务；汽车故障救援服务；汽车广告与展会服务；汽车文化服务；汽车俱乐部服务等。

（4）让渡价值系统　让渡价值理论明确指出：构成顾客总成本的主要成分是货币成本、时间成本、精神成本和体力成本；构成顾客总价值的是产品价值（包括产品的核心价值、形式价值和附加价值）、服务价值、人员价值和形象价值。让渡价值理论如图 7-2 所示。实现顾客总成本和顾客总价值的平衡，为客户提供更多的增值服务，是检验客户服务质量的关键指标。顾客让渡价值系统建立的实质是设计出一套满足顾客让渡价值最大化的营销机制，具体包括：利用价值链实现网络竞争优势；实行核心业务流程管理；实行全面质量营销；重视内部的服务管理。

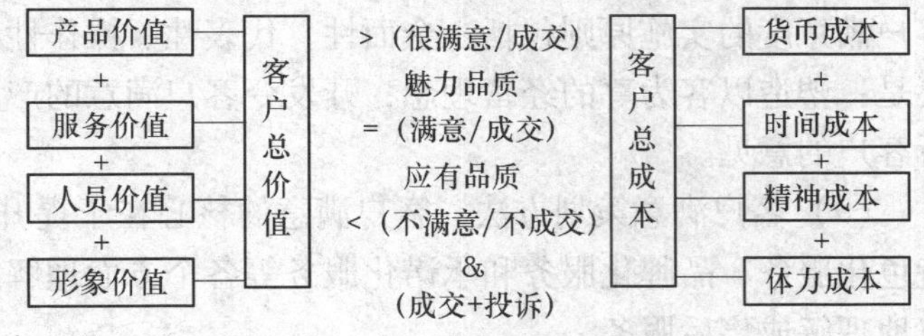

图 7-2　让渡价值理论

（5）客户满意的内涵　客户满意是一个完整的体系，具体包括：销售满意度、产品满意度、客户满意度、汽车可靠性、服务方式。目前，汽车行业典型的客户满意度调查主要集中在销售满意度和客户满意度两个方面。销售满意度是客户对销售流程各环节的评价，客户满意度是客户对售后服务方面的评价。J. D. Power 公司的客户满意调查概要如图 7-3 所示。

J.D.Power客户满意调查概要

客户满意

序号	销售满意度项目	权重	序号	客户满意度项目	权重
1	经销店环境	15.3%	1	入厂的方便程度	10.2%
2	销售人员	15.8%	2	服务顾问	11.5%
3	交易条件	12.4%	3	服务等待	12.1%
4	书面文件	11.6%	4	服务交车	15.4%
5	交车时间	12.2%	5	修理品质	14.7%
6	交车过程	32.8%	6	服务便利	15.8%
			7	车辆品质	20.3%

图 7-3　J. D. Power 公司的客户满意调查概要

（6）客户满意度指数测评的潜在变量　客户满意度指数测评模型包括 6 个潜在变量，包括：预期质量，即消费者在购买该产品或服务前对其质量的预期；感知质量，即消费者购买和使用该产品或服务后对其质量的评价；感知价值，即消费者通过购买和使用该产品或服务对其提供价值的感受；客户满意度，即消费者对该产品或服务的总体满意度；客户抱怨，即消费者对产品或服务不满的正式表示；客户忠诚度，即消费者继续购买该产品或服务的可能性。

（7）客户满意度管理　客户满意度指标是一种测量商品和服务质量的指标体系，是一种以客户为核心、以信息技术为基础，由客户依据自身的感受，对企业提供的商品与服务的综合评价，包括行为意义上的客户满意度和经济意义上的客户满意度。

行为意义上的客户满意度是指客户在历次购买活动中逐渐积累起来的连续的状态，是一种经过长期沉淀而形成的情感诉求。它是一种不仅仅限于“满意”和“不满意”两种状态的总体感觉。

经济意义上的客户满意度可以从其重要性方面加以理解。企业的客户服务处于一般水平时，客户的反应不大；一旦其服务质量提高或降低一定限度，客户的赞誉或抱怨将呈指数倍的增加。

在供大于求的买方市场，客户对企业的态度极大程度地决定着企业的兴衰成败。正是这个原因，企业必须加强客户满意度管理。企业只有在认真分析自身长处与不足的基础上，采取积极有效的步骤不断修正自己的行为，才能提高企业的美誉度，增加客户的回头率，减少客户的抱怨率，提高企业的销售力，提升企业的知名度，取得经济意义较高的客户满意度。

（8）客户满意度的实施　客户满意度实施的关键在于把握原则并执行科学的实施策略。客户满意度的实施原则包括：全面性、代表性、操作性、效用性。客户满意度的实施策略主要是：塑造以客为尊的经营理念；开发令客户满意的产品；提供客户满意的服务；科学地倾听客户的意见。

（9）客户满意策划方法　客户满意的核心在于提升服务，从全面化服务、个性化服务、特色化服务、品牌化服务和承诺化服务等各个方面理解服务，策划服务活动，预防将服务简单地理解成售后服务。

具体来讲，客户满意策划从下面各个方面予以考虑：

1）通过严格的5S管理，为客户传达愉快感觉，提供环境服务。

2）利用广泛的知识支撑，帮助客户选择产品与服务，为客户提供顾问服务。

3）设计便捷的购买流程，便利客户购买，为客户提供购买服务。

4）用放心的替代功能，减轻客户负担，为客户提供委托服务。

5）通过过硬的技术保证，保证产品质量，为客户提供产品服务。

6）给客户放心的情感体验，担负起销售和服务责任，为客户提供售后服务。

7）用专业的解惑能力向客户传递知识信息，为客户提供咨询服务。

8）通过感人的人文关怀扩大服务的内涵和外延，为客户提供附加服务。

9）用真诚的人际纽带与客户建立牢固关系，为客户提供朋友服务。

10）用一贯的全面表现打造企业的品牌形象，为客户提供品牌服务。

8. 平面广告策划

（1）平面广告的特点　广告可以分为媒体广告和非媒体广告。

媒体广告是指通过媒体来传播信息的广告，如电视广告、报纸广告、广播广告、杂志广告等。

非媒体广告是指直接面对受众的广告媒介形式，如路牌广告、平面招贴广告、商业环境中的售点广告等。

日常多见的平面广告的种类繁多，表现方式和效果也各不相同，主要有：特约店巨幅广告；车辆个性化配置表（易拉宝）；产品型录（DM）；宣传海报；服务手册；刀旗；报纸广告；封面广告；礼品广告等。

（2）平面广告的创意和表现　平面广告创作包括创意与表现两个方面，创意是思维能力，表现是造型能力。在平面广告策划中，创意和表现既有区别，又是统一的。

因为没有造型能力，想法再好无法表现，而没有创造力和审美意识，平面广告的表现就会苍白无力。独到的创意思维，恰如其分的表现，是平面广告成功的关键。

平面广告的创意要充分表现：车型针对消费者的求；色彩彰显产品的魂；概念撩动消费者的情；视觉催动消费者的梦；利益打动消费者的心；诉求扫除消费者的忧；关爱推动消费者的行。

（3）平面广告的要求　平面广告利用文字、图片等视觉元素传播广告设想和计划，并通过视觉元素向目标客户进行有效表达。平面广告设计的好坏，除了灵感之外，更重要的是是否准确地表达诉求点，符合商业活动的需要。

平面广告因为传达信息简洁明了，能瞬间扣住人心，从而成为汽车广告的主要表现手段之一。为此，平面广告设计在创作上要求表现手段浓缩化和具有象征性，一幅优秀的平面广告设计要求具有充满时代意识的新奇感，并具有设计上独特的表现手法和感情。

（4）平面广告的组成要素　平面广告是由点、线、面构成的。为了达到设计者和需求者的需要，更重要的是让消费者易于接受，优秀的平面广告作品应当既是点、线、面和谐的组合，又是图片和文案简洁地组合，清晰表达又艺术展现。

（5）平面广告创作流程　平面广告的设计制作不能依赖设计人员，必须严格执行设计流程。

1）要明确广告策略，明确表述车辆概念。

2）要做出创意说明，准确告之企业背景，明确广告制作的目的，明确主要目标客户。

3）写好创意剧本，按公司要求进行脚本设计，并说明创意概念。

4）要邀请客户评估，请客户对脚本创意提出评估和修改意见。

5）进行定性测试、了解准车主及车主对创意的理解、认知和喜欢程度，征求相关人员对广告设计的意见。

6）根据客户的意见，由设计人员进行修改定稿。

7）进行效果沟通，确认广告设计。

8）进行效果设计，进行后期修改。

9）制作出片。

（6）平面广告设计脚本说明　平面设计必须考虑画面能够帮助受众提升回忆度，做到受众在看过广告后的第二天，能够通过辅助的信息提醒，准确回忆并描述广告的主题，增加对广告产品的购买欲。这是因为：在与市场成功运作相关联的因素中，回忆度和购买欲被确认是最有效的。回忆度和购买欲是同等重要的，平面广告设计的最大功效是达成回忆度和购买欲二者之积。

（7）平面广告设计要点　广告平面设计要求吸引消费者眼球和强调利益诉求相一致，

要做到清晰明了、传达利益诉求，创新吸引，具体包括能够吸引读者停下来，注意它，明白它；利用正面的方式表达；简洁明了，不要使读者读得太辛苦；争取在读者眼光离开之前将读者吸引住；创意必须跟产品利益诉求紧密相关，因为当创意和利益诉求相关时才更能刺激客户的购买欲。汽车平面广告设计具体策略如图7-4所示。

汽车广告平面设计具体策略

总体效果	视觉效果	广告标题	广告正文
•吸引眼球、强调利益诉求 •清晰明了、传达利益诉求 •创新吸引、赢得眼球	•让视觉自己说话 •清楚表达利益诉求 •充分展示车型 •善用色彩 •强化视觉对比	•清楚表述利益诉求	•支持利益诉求 •用信息刺激购买欲 •与创新者同步

图7-4 汽车平面广告设计具体策略

（8）平面设计画面要求 平面广告设计的要求：总体上应该做到布置得当、远近适宜、虚实合理、字体恰当、画面均衡、重点突出。

（9）平面广告设计评估 平面广告设计的稿件,可以通过评估确定是否需要修改或者正式制作。评估可以邀请各方相关人员参与,通过填表打分确认。平面广告设计评估表见表7-1。

表7-1 平面广告设计评估表

	是	说不清楚	否
你是否看到了推广车辆的主题			
你是否看懂了这些广告的含义			
你是否喜欢广告的颜色			
看完广告你是否想看看推广车辆的实样			
你是否从广告中看出这车的品牌特征			
你是否通过广告对推广车辆产生了兴趣			
如果明天再问你，你是否能够回忆广告的主要内容			
如果你正好想买车，在同样价格下你是否对推广车辆产生偏好			
你是否从广告中体会到了车辆的个性和推广情调			
通过广告你是否记住了本广告的创意			

表7-1中评估的分值设定满分为100分。选择“是”的记10分；选择“说不清楚”的记3分；选择“否”的记0分。70分及以上指标的广告拥有可操作的技巧及优点，可以帮助提升广告效果；65分指标的广告被视为平均水平，可以使用；60分及以下指标的广告需要注意和警告，不能使用，需要重新设计。

（10）广告平面设计预算书 广告平面设计预算说明下列事项：委托单位、预算单位、设计制作单位、设计预算项目、各类平面广告物的数量、单价和总价、设计预算总额、时间期限、预算员及预算批准人等。

本章小结

策划是汽车营销过程中最核心的技术，熟悉和掌握汽车营销过程中最为经常的活动策划，包括策划的原则、要点、方法、技巧和具体文案的撰写，对于提升应对市场竞争的能

力、降低营销成本、扩大营销成果具有重要意义。

紧密结合汽车市场实际，综合运用本教材各章的知识，善于分析汽车市场营销中的鲜活案例，勇于思考、敢于实践，对于掌握汽车营销活动的策划技术十分关键。

作业与训练

一、复习思考题

1. 汽车市场营销活动策划应遵循哪些原则？
2. 市场营销活动策划要注意哪些要点？
3. 市场营销活动的方案设计要注意哪些方面？
4. 怎样进行路演策划？
5. 怎样进行新车上市策划？
6. 怎样进行新闻发布会策划？
7. 软文与广告写作的联系和区别是什么？
8. 平面广告策划需要注意哪些最基本的问题？
9. 网络营销要注意哪些问题？
10. 简述关于“客户满意”内容的策划方法。

二、填空题

1. 营销活动策划的 6 大原则是：________原则、________原则、________原则、________原则、________原则和________原则。

2. 客户满意度的实施策略主要是：塑造________的经营理念；开发________的产品；提供________的服务；科学地倾听________的意见。

三、实训项目：新闻软文写作

1. 对应知识

掌握有关市场营销与公共关系的联系；掌握营销公关的特点；熟悉汽车营销公共关系策划的含义、价值与原则以及策划的程序与内容。

2. 实训要求

针对华晨公司捐助四川地震灾区救护车这一行动，写一篇汽车营销公共关系的新闻软文。

3. 实训目的

通过这次新闻软文写作，能进行顾客关系策划；能按照汽车营销公共关系策划的程序与内容进行汽车营销公共关系策划；能撰写汽车营销公共关系的软文。

4. 执行提示

1）事先印制好《新闻软文写作》的实训报告。

2）了解汽车营销公共关系策划的程序。

3）布置实训要求：针对华晨公司捐助四川地震灾区救护车这一行动，写一篇汽车营销公共关系的新闻软文。

4）教师对该策划案进行指导。

5）组织若干学生交流策划心得。

6）教师小结，并给学生以鼓励性评价。

附　　录

附录A　收集信息的80个方法

1. 出租车司机在不经意间的谈论，有时也能为我们提供信息。
2. 到从不去的书店看一看，可以发现更广视野的情报。
3. 体验信息与知识信息同样蕴含着商业信息。
4. 更多地与销售员谈话，可以获得许多资料中无法获得的信息。
5. 经常归纳信息，可以从中提炼出许多新信息。
6. 以收集信息为目的经常使用照相机，也能发现信息。
7. 经常分析信息媒体的水平，可以发现哪些信息更加真实、更加有用。
8. 经常使用企业的数据服务，可以从中挖掘出新的信息。
9. 兴趣使资料查阅更有效率，信息才会显露在你的眼前。
10. 更快地读书反而能掌握更重要的信息。
11. 把已经读过的书封住，书就会越来越薄，那浓缩的信息也是一种信息。
12. 出差也能读到新的信息，发现地区之间的差异性信息。
13. 为自己的信息库做个目录，可以随时提取分类信息。
14. 专卖店比一般门店的价格可能更贵，那是因为在那里能够买到更多信息。
15. 如果你的服装与周边人相似，说明你的交际圈已经缩小，信息可能也会减少。
16. 只喜欢单一事物，世界就会变小，信息就会显得十分单一。
17. 不要轻视家属提供的信息，因为这里也许有着你最容易忽略的信息。
18. 更多地参与各种汽车营销实践，你会收集到更多的汽车信息。
19. 交几个客户朋友，等于多了一个信息库。
20. 站到更高的地方，可以看到更多的信息，也就可能掌握更有深度的信息。
21. 买高技术产品不要怕产品过时，但要知道它更新了什么，这本身就是信息。
22. 读书要有方法，留下最精练的几句可能就是重要信息。
23. 随时发现有趣的事情，信息才会自己向你走来。
24. 向顾客学习，你会发现最有价值的信息。
25. 要相信底层女性员工掌握着更多的信息，特别是你容易忽视的信息。
26. 多接触各行业中对信息高度敏感的人，信息随时会有。
27. 多打电话，在不经意间可以发现信息。
28. 一个特殊信息比许多同类信息更重要，这也许是更为重要的信息。

29. 要把一本书读成几页，再把几页读成几行，这是学习掌握更多信息的基本功。
30. 把读书看成是与作者交流，可以从活跃的思考中抽象出新信息。
31. 把信息分成进攻型的信息和防守型的信息，信息库才是立体的。
32. 不要轻视广播中的信息，这里最容易获得即时信息。
33. 大部的书精华在开头和结尾，关键信息就在其中。
34. 多读卖者来信和调查卡，能获得最需要的信息。
35. 看报要多看次要消息，这里隐藏着某种信息。
36. 平常电视里的信息更多，因而可能有更多的信息。
37. 行业报、地方报不可不读，这里得到的信息对你在区域活动中更加有用。
38. 高技术媒体不能替代低技术媒体，低技术媒体中也许有隐藏着最原始的信息。
39. 不要把电影当故事看，这里也有信息。
40. 不要把故事当做故事听，这里也有信息。
41. 夹报可以反映行情的变化和市场的动态，可以发现市场变化的信息。
42. 不要忽视第十名以后的产品，他们的动作实际上是重要信息。
43. 行情不好的时候报纸才讲真话，这种信息可能更加真实。
44. 收视率低的东西可能有新的信息。
45. 有用的信息对已知者是垃圾信息，随时更新自己的信息库，才能避免被过时信息忽悠。
46. 接触更复杂的客户，才能够理解市场营销的真谛。
47. 经常舍弃已经收集的信息，使信息保持新鲜。
48. 书架也要采取淘汰制，信息才能为我所用。
49. 书和电话号簿一样是在被人使用时才能起到作用，信息只有成为策划的素材才有意义。
50. 把精华的信息集中在一起，信息可能就是一个系统，一个立体的结构。
51. 对自己的信息进行数据化管理，建立自己的信息库。
52. 看杂志只看1/3，信息就能清晰地显露。
53. 把信息放到自己的本子里会使你看得更加清楚。
54. 在别人的名片上记录信息，信息可以对号入座。
55. 要保存的信息不要马上整理，经过思考再进行整理，也许可以发现新信息。
56. 资料整理不要太细，太细了可能使信息的性质发生改变。
57. 信息手册和工作手册应当分开，你才会真正建立自己的信息库。
58. 把对立的信息放在一起会产生新的情报。
59. 经过分析的资料才有用，经过分析、加工的信息才对策划有用。
60. 学会将不同信息整合成一种新的情报。
61. 最好的信息是无意中采集到的。
62. 正在使用资料库不应当越来越大，因贯彻“必须、有用”原则。
63. 信息像牛奶，过期会变质。
64. 用旧的笔记本记信息比新的更持久，才能避免“狗熊掰苞米”的结果。
65. 不要把信息和资料混在一起，信息才清晰可见。

66. 把杯子中的水倒干净能装更多的水，收集信息也应保持“空杯精神”。
67. 经常说知道不知道反而更知道信息。
68. 用不可选择的媒体了解信息相对比较真实。
69. 垃圾信息也有价值，其中也有信息。
70. 看中了的书马上买下来，这里有你需要的信息。
71. 书只买不读也有用，书名里面也有信息。
72. 照片的背景有时比照片更有用，背景有时隐藏着更深层的信息。
73. 要从信息里找出新的信息。
74. 把电脑当宠物，这是收集信息最有用的工具。
75. 一个信息用不同角度去看就会变成多个信息。
76. 掌握客户的动向，其中的原因就是收集重要信息。
77. 独家信息不能全信，被包装的信息有时是伪信息。
78. 从喜欢传话的人那得到的信息不可靠，因为这可能是被任意切割过的信息。
79. 朋友的朋友的话不可靠，因为这种信息可以变得面目全非。
80. 铅印的东西不一定就是真实的信息，在急功近利的状态下更是如此。

附录 B 100 个策划妙招

1. 好的创意肯定会产生反对者，害怕失去拥护而刻意去迎合他人，你会渐渐丧失思想的火花，创意也将毫无个性。

2. 当你置身于流行的旋涡之中时，你根本无法理解流行的本质。

3. 紧张感有助于策划。

4. 要想生产出成功的商品，就要时刻想着有人会买。

5. 如果自己考虑的是 A 问题，必须从 B 的立场进行分析。

6. 完全的赞扬只能蒙蔽视听。

7. 一流餐厅的服务人员可以从客人饭后的盘子判断客人的评价。

8. 专家是主动的、积极的，而评论家则是被动的、消极的。

9. 策划不会在会议上诞生。

10. 产生一个好的策划很难，否定一个创意很简单。

11. 尽早结束不适应市场形势的策划。

12. 大报上“旺市”的通栏标题应当读做“淡市”。

13. 彻底忘掉自己过去的成功。

14. 参考一次成功的范例可以保证最低的运作水平，增加一点新的方法就可以获得更大的发展。

15. 不考虑设计，先考虑问题。

16. 被别人弃用的策划也有价值，好好留着。

17. 没有消费者的反馈就没有销售。

18. 不流行的事物蕴藏着爆发的潜能。

19. 策划没有尊卑长幼。

20. 如果意见没有任何意义，也要大胆讲出来，这里可能产生创意。
21. 不断用新构思进行策划的人，往往具有超乎常人的观察力。
22. 策划人应当在自己入睡之前给自己留一道作业。
23. 以工作为乐趣，以平常心游刃有余地工作。
24. 不要埋头在办公着前，应该出门寻找灵感。
25. 逛商场比逛博物馆更容易产生创意。
26. 策划是有生命的，如果让他默默无语，他照样要死亡。
27. 策划人边上要有个不断鼓励甚至鞭策的人。
28. 人走过极限，精神会高度亢奋。
29. 构思不写下来，马上就会消失。
30. 如果没有策划思绪，翻翻自己的学习笔记。
31. 策划生存于信息和现实之间。
32. 策划是经常实践策划而策划出来的。
33. 如果事先不定一个题目，什么也产生不了。
34. 成功只能是唯一的事实，而策划则绝不只有一个。
35. 好的策划并不在于字迹是否工整，也许它最初只是一堆涂鸦。
36. 策划考最大的作品是自己的一生，而一次成功的策划只是一个音符。
37. 把形容词毫不留情地从策划案中去掉。
38. 万花筒里的繁花不断演变，但构成它的要素并没有增加。
39. 不是把别人的东西拿来算做自己的，而是与别人的东西合在一起算做大家的。
40. 构思要编号存档。
41. 把自己放到弱者的位置上可以发现许多东西。
42. 别人的冷眼也许比赞扬更加容易产生创意。
43. 从事策划的“犯罪者”会从多种角度考虑问题，使“犯罪”更加聪明。
44. 一天不同任何人说话，自己自说自话，也能产生灵感。
45. 编造的职业越是离奇，说出来的话越是饶有风趣。
46. 动员所有的信息，使信息自己碰擦出灵感的火花。
47. 光在候诊室里观察就有许多素材。
48. 以外国人的眼光逛大街，创意会从天上掉下来。
49. 把许多照片重叠在一起，会出现另外一张照片。
50. 装扮挑剔的客户去4S店，你会发现许多从来没有想到过的问题。
51. 倾听是益智的良药。
52. 消费者的意见永远是对的，但永远不是超前的。
53. 策划如同指挥家指挥乐队，绝对不是外科手术。
54. 时尚不是青年人的专利，也许是老年人策划了时尚。
55. 经常与商品对话，会对商品产生情感，如同恋爱的前奏一定是对话，而结婚一定是对方具有独特的价值。
56. 父母有时并不了解自己的孩子，因为他带着情感的镜片去理解孩子。
57. 经济在达到高潮之后的萧条时，精神文化才可能走向成熟。

58. 求变是革新的动力，创新的根本出发点就是要求变得更好、更持久。

59. 穷人最能发现富人的破绽，富人则假装不知道穷人的问题。

60. 凡是能够流行的一定是有个性和明确意向的。

61. 人不但要有住宅和办公室，而且需要有一个明确的思考基地。

62. 写策划案的纸不要有明显的格子，但一定要大。

63. 把许多点连成线，然后连成片，组成面，以后变成一个立体的结构。

64. 同样原料不同组合，同样的组合方式则可以使用不同的原料。

65. 走进一步观察，再走远一点观察，观察的效果更鲜活。

66. 不同角度对同一事物拍照，照片的效果肯定不一样。

67. 策划者的真正立场是站在消费者一边的，于是老板才会表扬他。

68. 房地产商比汽车销售商的眼光更立体，更知道商品的潜在价值。

69. 厨师其实是艺术工作者。

70. 艺术家认为碗里的肉也是艺术品。

71. 世界上的所有事物的存在都是正在进行时。

72. 如果没有人不满，人甚至还爬在树上。

73. 策划人能够把考勤表和发票填写得天衣无缝。

74. 唱汽车说明书，读卡拉 OK 是一种创意。

75. 把梦记录下来，能成为一幅奇特的图画，其中会有许多创意。

76. 要善于对“范跑跑”、“猪坚强”等进行广泛的联想。

77. 发现想不出东西，最好的办法是不想，看场电影再想也许更好。

78. 多看没有看过的书，多唱没有唱过的歌，多想没有想过的事，组合一下看看有些什么新东西。

79. 把灯熄灭，研究自己的感官，闻到的、听到的、皮肤感觉到的，都可能成为策划的对象。

80. 大街小巷，到处跑跑，先当观众，再做评论。

81. 与女朋友约会、与朋友聚餐，对策划人来说都是一种策划训练。

82. 把一个创意的功能做成一个系列。

83. 电子游戏的玩具功能大于电子技术。

84. 聪明人相信自己，坚持不懈地走自己的路，但同时也时刻关注别人在怎样走路。

85. 所有商品都有可售性，但不要忘记它同时具有可视性和可拟人化的特点。

86. 策划就像一个人，没有人品，没有个性，谁也不会喜欢。

87. 策划人是做局的，策划人心中永远有一个大目标。

88. 策划人欢迎无端的谴责，而且速度回答谴责。

89. 互联网中楼主的幽默充满策划素材。

90. 俏皮话里有大学问。

91. 不要用橡皮擦掉已经写出来的东西，因为重要的是过程，而不是策划结论。

92. 不要面面俱到，只要有一件事做到极致，你就是专家。例如：能把说话说到第一，或是闻酒闻到第一，都不怕没有饭吃。

93. 不要批评策划新手的处女作。

94. 策划人写策划稿的时候，一定要认为这个案子的执行者就是自己。
95. 灵感是感性的，策划是理性与感性交融的产物。
96. 策划不应该有别人看不懂的语言。
97. 在计算机里设一个文件夹，专门记录你认为必须记录的一切素材。
98. 策划人的包里一定有策划案。
99. 给自己写一副座右铭，并且坚持去做，策划的火花可能从中闪现。
100. 果断舍弃策划案里多余的东西，策划案反而更加可行。

附录 C　良好的销售渠道带来宝马汽车营销成功

同那些驰名世界的老牌汽车公司相比，宝马公司（BMW）不算大。然而，由于宝马公司在产品制造上坚持创新和个性多样化的方针，同时宝马公司拥有庞大的分销网络和宝马公司对中间商的良好管理，使宝马汽车在日新月异的汽车市场竞争中，总是别具一格，引导产品新潮流。

宝马公司在世界各地有 16 个大型销售网络和无数的销售商，宝马公司 80% 的新产品是通过这些网络和中间商推向市场的。宝马公司通过它的这些销售渠道同客户建立起密切的联系，并随时掌握市场消费心理和需求变化。

宝马公司十分重视营销渠道的建设和管理。它的决策者们特别清醒地认识到，无论宝马汽车的质量多么优良、性能多么先进、造型多么优美，没有高效、得力的销售渠道，产品就不会打入国际市场，就不可能在强手如林的竞争中站稳脚跟。因此，宝马公司从来都不惜巨资地在它认定的目标市场建立销售网点或代理机构，发展销售人员，并对销售商进行培训。

在宝马公司的经营战略中，“用户意识”这一概念贯穿始终。同样，在销售环节，宝马公司严格要求它的销售人员和中间商牢固地树立为用户服务的思想，因为他们直接同用户接触，代表着宝马公司的形象。所以，宝马公司对销售商的遴选十分严格，实行优胜劣汰的办法选择良好得力的贸易伙伴。

宝马公司遴选中间商的标准首先是了解其背景、资金和信用情况；其次考虑该中间商的经营水平和业务能力，具体包括以下几方面。

（1）中间商的市场经验和市场反馈能力　宝马公司要求它的中间商必须有很好的推销能力，认为只有通晓市场销售业务，具有丰富的市场经验，才可能扩大宝马汽车的销售量。同时，中间商的市场信息的搜集能力，对于宝马公司改进产品的设计和生产至关重要。例如，宝马公司根据中间商的信息反馈，特别制作和安装了保护汽车后座乘客的安全系统，受到消费者的欢迎。

（2）中间商提供服务的能力　宝马公司需要通过中间商向用户提供售前、售后服务，如汽车的性能、成本、保险、维修甚至用移动电话等特殊装备等细节问题，中间商都必须能够进行内容广泛而且深入细致的咨询；为此，宝马公司在美洲等地都有培训点，对中间商就用户的特殊服务和全面服务进行培训。

（3）中间商的经营设施和规模　中间商所处的地点是否适中，是否拥有现代化的运输工具和储存设施，有无样品陈列设施等均是宝马公司遴选中间商要考虑的重要因素。

宝马公司在对营销渠道的管理上也极具特色。宝马公司设有专门负责中间商管理的机构，经常进行监督管理。要评估中间商的业绩好坏，涉及他们的推销方面的努力程度、市场信息的收集和反馈能力对用户售前、售后服务的态度和效果等。宝马公司还经常走访用户或进行问卷调查，以了解用户对销售商的评价。在宝马公司进行的大规模问卷调查中，参加调查的商人和用户对宝马公司的销售商的评价普遍很好。因此，尽管宝马 公司在与中间商签订合同中已有奖励条款，但宝马公司还是对受到用户赞扬的销售商予以重奖。这样做的结果，使销售商更加起劲地帮助宝马公司扩大影响，促进宝马车不断提高质量，真正起到宝马公司与用户间的桥梁作用。当然，对于受到用户不满和批评的宝马公司产品销售商，经过核查属实后，宝马公司坚决解除合同，另选销售商。宝马公司的这些做法，从一个侧面说明了它对销售渠道管理的严格和对“用户意识”的重视程度。

此外，宝马公司还大力发展销售信息交换系统，这对于现代国际企业应付日趋激烈的市场竞争是不可缺少的。这可以使销售商之间、他们与销售网、生产厂家的信息交流快捷、方便，而用户的一些临时要求也能最大限度地得到满足。

宝马公司生产汽车的历史仅有60多年，但它的汽车同奔驰汽车、劳斯莱斯汽车、凯迪拉克汽车一样驰名世界，成为现代汽车家族中的佼佼者；而它的销售网络和广大销售商本着“用户第一”的宗旨所提供的优质服务，更是得到用户的交口称赞，连宝马公司的竞争对手对此也是钦佩不已。

参考文献

[1] 加利·阿姆斯特朗，菲利普·科特勒.市场营销教程［M］.俞立军，译.北京：华夏出版社，2004.

[2] 甘华鸣.创新［M］.北京：中国国际广播出版社，2001.

[3] 徐萍.消费心理学［M］.上海：上海财经大学出版社，2008.

[4] 袁张度.国际创造学学术讨论会论文集［M］.上海：东华大学出版社，2003.

[5] 刘宇.产品策划［M］.北京：知识出版社，2000.

[6] 陈永革.汽车服务贸易［M］.上海：同济大学出版社，2004.

[7] 裘文才.汽车营销实务［M］.上海：同济大学出版社，2009.

[8] 陈永革，裘文才.汽车市场营销一本通［M］.北京：机械工业出版社，2010.